EIN ABENTEUER-SPIELBUCH

Titel der englischen Originalausgabe:
Real Life Gamebooks – The Last Invasion 1066

Für Vera, John und Richard

1. Auflage

Veröffentlicht durch den
MANTIKORE-VERLAG NICOLAI BONCZYK
Frankfurt am Main 2011
www.mantikore-verlag.de

Copyright © MANTIKORE-VERLAG NICOLAI BONCZYK
Text © Jon Sutherland, Simon Farrell 1986
Illustrationen © MANTIKORE-VERLAG NICOLAI BONCZYK 2011

Übersetzung: Marcel Agsten
Illustrationen: Rich Longmore
Coverdesign: Alexander Müller
Grafik: Pierre Voak
Lektorat und Satz: Karl-Heinz Zapf
Bildbearbeitung: Karl-Heinz Zapf

Druck: Printed in the EU

ISBN: 978-3-939212-06-5

SPIELBUCH-ABENTEUER WELTGESCHICHTE

BAND I
INVASION DER NORMANNEN

Simon Farrell und Jon Sutherland

Aus dem Englischen von Marcel Agsten

Illustrationen: Rich Longmore
Titelbild: Rich Longmore

MANTIKORE VERLAG

Spielbuch-Abenteuer Weltgeschichte

Dies ist eine neue Art von Abenteuer-Spielbüchern. Die *Spielbuch-Abenteuer Weltgeschichte* entführen dich in die Vergangenheit und erlauben es dir, die großen Augenblicke der Geschichte hautnah mitzuerleben. Du wirst zu einer Persönlichkeit der Epoche und triffst zahlreiche wichtige Entscheidungen, die dich mitten in die Ereignisse und das Leben dieser Zeit eintauchen lassen.

Du wirst auf wichtige historische Persönlichkeiten treffen und mit ihnen reden, in ihre Gedanken und Taten eingeweiht werden und vielleicht sogar ihre Entscheidungen beeinflussen!

Doch überlege gut, bevor du deine Wahl triffst. Gefahren lauern in diesen stürmischen Zeiten auf die Unvorsichtigen und die falsche Entscheidung kann das Ende für dein Abenteuer bedeuten, noch ehe es richtig begonnen hat.

Dieses Buch enthält eine Anleitung zum Spielen der *Spielbuch-Abenteuer Weltgeschichte (du benötigst einen Bleistift, einen Radiergummi und 2 sechsseitige Würfel, oder die Zufallszahlentabelle auf Seite 17)*, eine Beschreibung der Ereignisse, die in der jeweiligen Zeit stattfinden und einen umfangreichen Überblick über die Herkunft deines Charakters und was man von dir erwarten könnte.

Es kann sein, dass du die Geschichte nicht gleich beim ersten Mal schaffst. Dann willst du es sicher nochmal von vorn versuchen und herausfinden, was passiert, wenn du dich anders entscheidest. Also erstelle dir einfach einen Charakterbogen nach dem Beispiel auf Seite 15.

Wenn du es erneut versuchen möchtest, brauchst du dir nur einen neuen Charakterbogen erstellen.

England im Jahre 1066

England wird von König Edward regiert, einem alten und kranken König, von manchen wegen seiner Frömmigkeit auch „Der Bekenner" genannt. Es ist ein wohlhabendes und friedliches Land, sicher in dem Wissen, dass es durch den Ärmelkanal vom unruhigen europäischen Festland getrennt ist. Der König herrscht im Willen des Volkes und berät mit dessen Vertretern – den Witan, einem Rat weiser Männer – über alle wichtigen Entscheidungen. Die meisten Engländer sind zufrieden und das Leben ist zwar hart, aber nicht grausam.

Der Durchschnittsbürger macht sich viel mehr Sorgen über das Wetter als über Staatsangelegenheiten. Die Menschen sehen sich selbst nicht als Teil einer Nation. Ihre Gedanken und Erfahrungen sind örtlich begrenzt und fest in den kleinen Dörfern verwurzelt, in denen sie geboren wurden.

Das Land ist in Grafschaften aufgeteilt, die den Adligen gehören. Und es sind eben jene Adlige, die sich über die Zukunft dieses Landes Gedanken machen. Der berühmteste der Grafen ist Harold von Wessex, der beim Volk sehr beliebt ist und seit der Erkrankung König Edwards im Grunde genommen das Land regiert.

In Europa gibt es außerdem zwei weitere wichtige Persönlichkeiten: Herzog Wilhelm von der Normandie und König Harald Hårdrade (Harald der Harte) von Norwegen. Beide können durch entfernte Verwandtschaft Anspruch auf den englischen Thron erheben und beide sind die Führer von momentan ruhigen und friedlichen Ländern – was ihnen reichlich Zeit und Gelegenheit lässt, über die Ausweitung ihrer Macht nachzudenken.

Allerdings verstehen beide das englische System der Regentschaft nicht wirklich, denn in diesem wird der König von einem Rat weiser Männer „gewählt". Beide sind eher an das europäische System gewöhnt, in dem der Thronfolger ein Verwandter des toten Königs sein sollte.

Deswegen sind viele Menschen in England besorgt darüber, was passieren wird, wenn König Edward stirbt...

Wichtige Daten im Jahre 1066

5. Januar
Edward der Bekenner stirbt und hinterlässt keinen Erben. Es gibt mehrere Personen, die Anspruch auf den Thron erheben. Unter ihnen Herzog Wilhelm von der Normandie, Harald Hårdrade und Harold, Graf von Wessex.

6. Januar
Harold wird zum König von England gekrönt.

Frühling
Harold bereitet sich auf eine Invasion aus der Normandie vor und hebt im Süden Englands eine gewaltige Armee aus.

Mai
Harolds Bruder Tostig unternimmt zahlreiche Sturmangriffe gegen die englische Küste mit Truppen flämischer Söldner. Er wird geschlagen.

8. September
Harold ist wegen Nachschubproblemen gezwungen, seine Armee zurückzuziehen.

Anfang September
Wilhelm versucht mit seiner Flotte den Kanal zu überqueren, muss aber wegen schlechten Wetters umkehren. Er sammelt seine Flotte neu und versucht es erneut.

Harold erhält Nachricht, dass eine norwegische Streitmacht unter dem Kommando von Harald Hårdrade und seinem Bruder Tostig in der Nähe von York gelandet ist. Er führt seine Huscarls nach Northumberland und kommt nach einer Woche an.

25. September
Die Schlacht an der Stamford-Brücke. Harold besiegt die Armee der Wikinger und Hårdrade und Tostig werden erschlagen. Harold feiert seinen Sieg in York, wird aber in der Feier durch die Nachricht aus London gestört, dass die Normannen erfolgreich den Kanal überquert haben und im Süden gelandet sind. Harold führt seine Truppen in Rekordzeit zurück nach London und bereitet sich darauf vor, die Normannen bei Hastings zu bekämpfen.

14. Oktober
Die Schlacht von Hastings. Die englischen Truppen können gerade so eine Verteidigungslinie bilden, bevor die Normannen vorstoßen. Doch die Linie bröckelt Mann um Mann und der Tod von König Harold markiert das Ende der Schlacht.

Dieser Tag gehört Wilhelm.

25. Dezember
Wilhelm von der Normandie wird als König William I in der Abtei von Edward dem Bekenner in Westminster zum König gekrönt.

DIE SPIELREGELN

Die sieben Fertigkeiten

Es gibt **sieben Hauptarten von Fertigkeiten**, in denen ein Charakter in diesen stürmischen Zeiten geübt sein sollte. Der Grad, wie gut dein Charakter die einzelnen Fertigkeiten beherrscht, wird immer zwischen **2 (schlecht)** und **12 (perfekt)** liegen.

Die Auswahl der Fähigkeiten ist komplett dir überlassen. Zu Spielbeginn hast du einen Vorrat von **50 Talentpunkten**, die du auf die sieben Fertigkeiten verteilen kannst. Dabei musst du für jede Fertigkeit **mindestens 2 Punkte aufwenden**, darfst aber **keine über die 12 hinaus steigern**.

Die Fertigkeiten in *Invasion der Normannen* sind: **Stärke, Schnelligkeit, Glück, Überredungskunst, Wurfspeer, Schwertkampf** und **Reiten**. Lies die folgenden Informationen zu den einzelnen Fertigkeiten sorgsam durch und studiere den Beispielcharakter am Ende dieses Kapitels, bevor du dich an das Verteilen deiner Talentpunkte machst und trage dann die Gesamtwerte in deinen **Charakterbogen** (Seite 15) ein.

Stärke
Stärke steht für die Fähigkeit deines Charakters, Schaden auszuteilen und einzustecken. Wenn du dich entschieden hast, wie viele Talentpunkte du für diese Fertigkeit verwenden möchtest und die Punktzahl auf deinem Charakterbogen im dafür vorgesehenen Feld eingetragen hast, halbiere die Zahl (runde gegebenenfalls auf, d. h. bei einer Stärke von 7 kämest du durch aufrunden auf 4) und trage die so ermittelte Zahl in das Feld für Leben auf deinem Charakterbogen ein.

Schnelligkeit
Diese Fertigkeit erlaubt es deinem Charakter, gefährlichen Situationen aus dem Weg zu gehen, in dem er aus Fenstern springt, Schwerthieben ausweicht oder in Deckung geht.

Glück
Es gibt Situationen, in denen du wirklich nichts anderes tun kannst, als das Leben deines Charakters dem Schicksal anzuvertrauen. Es ist sehr oft nützlich, ein Glückspilz zu sein!

Überredungskunst
In schwierigen Angelegenheiten kannst du dich aus Problemen einfach herausreden. Wenn du ohne Waffe auf dem falschen Fuß erwischt wirst, kann etwas gepflegte Überredungskunst sich oftmals auszahlen.

Wurfspeer
Etwas kürzer als ein normaler Speer und zum Werfen gemacht, ist dies das einzige Geschoss, das ein normannischer Ritter in Erwägung ziehen würde. Wurfspeere werden normalerweise nur im Kampf verwendet, können aber in einer solchen Situation den wichtigen Unterschied ausmachen. Ein Reiter hoch zu Pferd mit einem Wurfspeer ist in der Tat ein gefährlicher Gegner.

Schwertkampf
Der Schwertkampf ist die übliche Art des Nahkampfes in dieser Zeit. Ein in die Ecke gedrängter Mann mit großem Talent in dieser Disziplin kann verheerenden Schaden anrichten.

Reiten
In verzwickten Situationen schafft es ein guter Reiter stets, sich in Sicherheit zu bringen. Ein schlechter wird wahrscheinlich einfach herunterfallen. Diese Fertigkeit erlaubt es dir, hart und schnell zu reiten, ohne dich dabei zu gefährden.

Wie die Fertigkeiten funktionieren

Kampf
Es wird der Augenblick während deines Abenteuers kommen, in dem dein Charakter kämpfen muss. Obwohl du das meist durch die richtigen Entscheidungen vermeiden kannst, ist es nicht immer von Vorteil, aus einem Kampf zu fliehen. In so einem Fall wird dir der Abschnitt, in dem der Kampf stattfindet, alle Informationen geben die du benötigst.

Dir werden drei Dinge mitgeteilt: Welche Waffe verwendet wird (wenn du die Wahl hast, ist das im Abschnitt vermerkt) was für einem Feind du dich stellst und zu welchen Abschnitten du blättern sollst, wenn du siegreich bist oder geschlagen wurdest.

Dein Feind wird etwa so beschrieben:

Huscarl
SCHWERTKAMPF 7   LEBEN 4

Wenn du deinen Charakterbogen vorbereitest, solltest du am besten auch gleich einige **Kampffelder** (Beispiel Seite 16) erstellen.

Jedes Mal, wenn du in einen Kampf gerätst, benutzt du diese Felder, um deine Werte und die deines Gegners im Auge zu behalten. Diese Werte umfassen die Fertigkeit deines Gegners im Umgang mit seiner jeweiligen Waffe und seine Lebenspunkte, sowie deine Fertigkeit (wenn nicht anders angegeben, musst du dieselbe Waffe wie dein Gegner benutzen, d. h. wenn er ein Schwert verwendet, musst du auch dein Schwert nehmen, da dies die einzige Nahkampfwaffe ist, die für einen normannischen Ritter akzeptabel ist), deine aktuellen Lebenspunkte und – ganz wichtig! – die Nummer des Abschnittes, in dem der Kampf stattfindet.

Die Methode, nach der du den Ausgang des Kampfes bestimmst, ist einfach. **Würfle mit 2 Würfeln und wenn die** gewürfelte Summe **kleiner oder gleich groß als dein Fertigkeitswert ist**, triffst du deinen Feind und verwundest ihn auf der Stelle. Wenn du keine Würfel hast, benutze die **Zufallszahlentabelle** auf Seite 17 und ermittle dort blind eine Zufallszahl.

Mit dem Schwert (**Schwertkampf**) oder den bloßen Händen (**Stärke**) verursachst du bei jedem Treffer gegen deinen Feind **eine Wunde**. Mit einem Wurfspeer sogar **zwei Wunden**. Reduziere die Lebenspunkte deines Gegners um den von dir zugefügten Schaden.

Nachdem du für deinen Angriff gewürfelt hast, machst du dies ebenso für deinen Gegner. Wenn die von dir gewürfelte Augenzahl kleiner oder gleich seinem Fertigkeitswert ist, trifft er dich und verursacht den dementsprechenden Schaden. Ziehe diesen nun von deinen eigenen Lebenspunkten ab.

So geht der Kampf immer weiter. Du würfelst abwechselnd für dich und deinen Gegner, bis entweder du oder er getötet wird, indem genügend Treffer deine oder seine Lebenspunkte auf 0 reduzieren.

Da beide Kontrahenten durch das Reduzieren ihrer Lebenspunkte auf 0 getötet werden können, ist es wichtig, den aktuellen Wert nach jedem Treffer sofort zu notieren.

Wenn du während des Kampfes zu irgendeinem Zeitpunkt einen **Einser-Pasch** würfelst (d. h. beide Würfel zeigen eine 1) oder auf der **Zufallszahlentabelle eine 2 triffst**, dann tötest du deinen Feind automatisch. Unglücklicherweise funktioniert das auch umgedreht.

Wenn dein Gegner einen Einser-Pasch würfelt oder eine 2 auf der Zufallszahlentabelle trifft, **stirbst du sofort**.

Wenn du an engen Orten kämpfst, entweder mit dem Schwert oder den bloßen Händen, könntest du aus der folgenden optionalen Regel einen Vorteil ziehen. Du kannst zu Beginn deines Angriffs entscheiden, **deine Fertigkeit zu halbieren** (aufrunden).

Das macht es für dich schwerer, deinen Gegner zu treffen, aber sein Fertigkeitswert wird ebenfalls halbiert, was es ihm wiederum schwerer macht, dich zu treffen. Das kann von Vorteil sein, wenn er dir überlegen ist.

Andere Fertigkeiten

Im Laufe deines Abenteuers wird es vorkommen, dass du eine deiner anderen Fertigkeiten verwenden musst. Zum Beispiel musst du eine Wache überzeugen, dich passieren zu lassen (**Überredungskunst**), oder dich in verzwickten Lagen auf dein **Glück** verlassen.

Wenn du aufgefordert wirst, eine **Probe** auf eine deiner Fertigkeiten abzulegen, **würfle mit zwei Würfeln und versuche ein Ergebnis zu erzielen, das kleiner oder gleich deinem Fertigkeitswert ist**.

Wenn du keine Würfel hast, benutze die **Zufallszahlentabelle** auf Seite 17.

Bei Erfolg wirst du aufgefordert, bei einem bestimmten Abschnitt fortzufahren, bei Misserfolg musst du an anderer Stelle weitermachen.

Manchmal wirst du aufgefordert, mehrere Proben auf verschiedene Fertigkeiten zu erfüllen, um eine Aufgabe zu bestehen.

Beispielcharakter

Stärke: 12
Es gibt nicht viel, was diesen Charakter aufhalten könnte, wenn es zur Schlägerei kommt oder er eine Tür einrennt.

Schnelligkeit: 5
Nicht übermäßig schnell. Verlasse dich in schwierigen Situationen besser nicht darauf.

Glück: 8
Angemessen. Trotzdem ein recht glückhafter Charakter.

Überredungskunst: 6
Durchschnittliches Talent – der Charakter sollte sich aus den meisten Problemen herausreden können.

Wurfspeer: 8
Nicht gerade ein Experte, aber er sollte öfter treffen als daneben zielen.

Schwertkampf: 7
Durchschnittlicher Schwertkämpfer, aber er sollte im Kampf ganz gut auf sich aufpassen können.

Reiten: 4
Eher niedrig. Besser du gehst zu Fuß.

Leben: 6
Durch seine hohe Stärke hat dieser Charakter ein hohes Maß an Schadenstoleranz. Er sollte sehr lange überleben.

Kopiere den **Charakterbogen** auf Seite 15 und fülle ihn mit Bleistift aus, damit du die Werte bei Bedarf ausradieren und den Bogen wiederverwenden kannst.

Du musst die Verteilung der Werte vom Beispielcharakter nicht übernehmen, sondern darfst selbst entscheiden, wie viele Punkte du für jede Fertigkeit verwenden möchtest, solange es insgesamt 50 sind.

Übernimm auch die **Kampffelder** auf Seite 18. Du wirst bis zum Ende deines Abenteuers etwa acht davon benötigen.

Wenn du gerade keine Würfel zur Hand hast, kannst du stattdessen die **Zufallszahlentabelle** auf Seite 17 verwenden. Lege dabei das Buch einfach offen vor dich hin und schließe deine Augen. Dann zeige mit deinem Finger auf irgendeine Stelle auf dieser Seite und öffne deine Augen um nachzusehen, was du „gewürfelt" hast.

Wenn du in einem Abschnitt aufgefordert wirst, mit nur einem Würfel zu würfeln, verfahre genauso und halbiere einfach dein Ergebnis (abrunden).

CHARAKTERBOGEN

FERTIGKEITEN	WERT (2-12)
Stärke	
Schnelligkeit	
Glück	
Überredungskunst	
Wurfspeer	
Schwertkampf	
Reiten	

LEBEN (Stärke / 2)

KAMPFFELDER

Abschnitt:	Abschnitt:		
Fertigkeit:		Fertigkeit:	
Gegnerische Fertigkeit:		Gegnerische Fertigkeit:	
Leben	*Leben Gegner*	*Leben*	*Leben Gegner*
Abschnitt:		Abschnitt:	
Fertigkeit:		Fertigkeit:	
Gegnerische Fertigkeit:		Gegnerische Fertigkeit:	
Leben	*Leben Gegner*	*Leben*	*Leben Gegner*
Abschnitt:		Abschnitt:	
Fertigkeit:		Fertigkeit:	
Gegnerische Fertigkeit:		Gegnerische Fertigkeit:	
Leben	*Leben Gegner*	*Leben*	*Leben Gegner*
Abschnitt:		Abschnitt:	
Fertigkeit:		Fertigkeit:	
Gegnerische Fertigkeit:		Gegnerische Fertigkeit:	
Leben	*Leben Gegner*	*Leben*	*Leben Gegner*

ZUFALLSZAHLENTABELLE

5	7	5	6	7	11	6	5	10
6	11	4	6	9	6	8	5	7
11	8	8	9	7	7	11	6	11
9	6	9	8	3	11	7	3	4
9	4	7	2	10	8	9	6	7
3	7	7	10	6	3	5	10	9
10	8	7	5	5	5	2	7	9
4	3	8	4	4	7	4	7	5
6	9	6	8	8	10	8	8	4
5	2	12	7	8	6	6	8	12
10	8	5	4	7	12	6	7	10
10	7	6	9	5	9	9	3	8

PERSÖNLICHER HINTERGRUND

Dein Name ist Hugh deBouard und du bist der zweitgeborene Sohn eines normannischen Edelmannes. Du bist in der Normandie geboren und aufgewachsen und leistetest deinen ersten Treueschwur deinem Herzog, Wilhelm.

Vor einigen Jahren jedoch hast du dich entschlossen dein Vaterland zu verlassen und mit deiner Frau nach England zu gehen, um dort am Hofe König Edwards, dem Bekenner, zu leben. Denn der König steht im Ruf, ein nobler und freundlicher Mann zu sein und einige deiner Landsleute waren überdies auch bereits dort.

Als du in England ankamst, wurdest du vom König willkommen geheißen und bereits nach wenigen Jahren – als Zeichen der Anerkennung für deine Loyalität und Gefolgschaft – sprach er dir ein kleines Landgut in Northumberland zu, als einen Teil des Landes, das dir so ans Herz gewachsen ist. Du und deine Frau leben glücklich und in Frieden in England.

Aber nichts ist für die Ewigkeit. Der König ist schwer erkrankt und es ist nur eine Frage der Zeit, bis er stirbt. Wenn das passiert, ist es unklar, was aus dir wird. Wird der Thronfolger Ausländern gegenüber genauso freundlich gesinnt sein wie es Edward war?

So wartest du mit Sorge auf das Unvermeidliche. Wer wird zum Nachfolger ernannt?

Gehe nun zu Anschnitt 1 um dein Abenteuer zu beginnen.

Viel Glück!

1

Du stehst, zusammen mit wenigen anderen Auserwählten, im Schlafgemach von König Edward von England in seinem Palast auf Thorney Island, kurz vor London. Es ist der 4. Januar des Jahres 1066. Unter den Versammelten sind außer dir noch die Königin, die sich weigert, von der Seite ihres leidenden Ehegatten zu weichen, Graf Harold Godwinson, Stigand, der Erzbischof von Canterbury, der zugleich der Priester des Königs ist, und Robert FitzWimark, der wie du ein Normanne und einer von Edwards engsten fremdländischen Freunden ist.

Die Königin versucht, auf Anraten des Erzbischofs Stigand hin, den König aufzuwecken, nachdem er bereits seit einigen Tagen in einem tiefen Schlaf liegt. Es ist offensichtlich, dass er im Sterben liegt und du denkst es wäre das Beste, ihn einfach hinübergleiten zu lassen. Aber das geht leider nicht, denn der König hat keinen Erben und so warten die Witan – der Rat der weisesten Männer in England – auf ein Zeichen des Königs, nachdem sie ihre Wahl für den Thronfolger richten können.

Die Augen des Königs öffnen sich und er murmelt vor sich hin. Du stehst zu weit weg von seinem Bett um zu verstehen, was er sagt, denn seine Stimme ist schwach, aber dir ist klar, dass es die letzten Worte eines Sterbenden sind.
Der Tod des Königs ist ein Thema von höchster Wichtigkeit für dich, vielleicht sogar mehr als für viele andere im Königreich. Als Ausländer am Hofe sind du und deine Landsleute in einer prekären Lage. Denn wenn der König stirbt, ist es möglich, dass du ohne Vorwarnung von seinem Nachfolger des Landes verwiesen wirst.

Während du dort stehst, sammelt der König noch einmal seine Kräfte und seine Stimme wird lauter.

„Weint nicht um mich", sagt er, „sondern betet für meine Seele zu Gott und lasst mich zu ihm hinziehen." Er winkt seine Frau zu sich heran und spricht ein letztes Mal mit ihr.

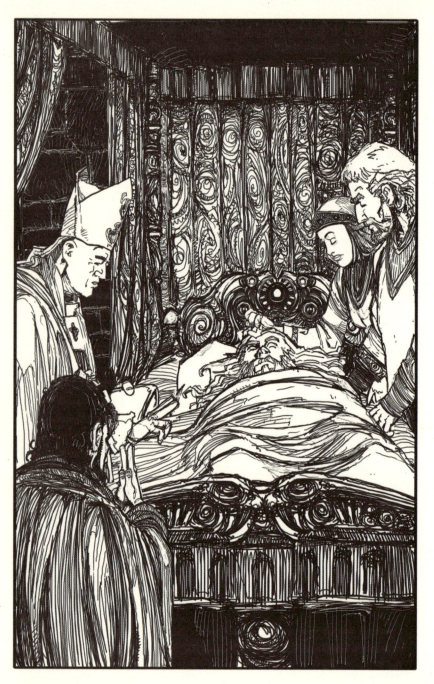

Dann spricht er, für alle vernehmlich, ein kurzes Gebet und streckt seine Hände nach Graf Harold aus.

„Harold", sagt er, „ich überantworte diese Frau und das gesamte Königreich eurem Schutz. Genauso diese Männer, die ihr Vaterland aus Liebe zu mir aufgegeben und mir treu gedient haben. Lass dir von ihnen die Treue schwören und schütze sie und lass sie verweilen, oder geleite sie sicher in ihre Heimat mit allem, was sie in meinen Diensten erhalten haben."

Dann erteilt er Anweisungen zu seinem Begräbnis und befiehlt, dass diese Anordnungen sofort verkündet werden sollen. Als er fertig ist, fällt er zurück ins Koma. Du verlässt den Raum, bestürzt durch den Tod eines so großen und frommen Mannes. Es wird nicht lange dauern, bis König Edwards Tod überall verkündet wird.

Jetzt ist es an dir. Willst du in England bleiben, um dem neuen König wie seinem Vorgänger zu dienen (gehe zu Abschnitt **110**) oder kehrst du zurück in die Normandie (Abschnitt **60**)?

2

Mit wildem Geschrei stürmt das angelsächsische Heer vor und überquert die wenigen verbliebenen Meter zwischen den beiden Streitkräften. Ein furchtbares Krachen erschallt entlang der Schlachtreihe, als die beiden Armeen aufeinander prallen. Viele Männer sterben noch, bevor sie zum Streich ausholen können.

Vor dir steht ein Speerträger. Du musst ihn mit deinem Schwert bekämpfen.

Speerträger
SPEER 7   LEBEN 3

Wenn du gewinnst, mach weiter bei **106**. Wenn du verlierst, gehe zu Abschnitt **122**.

3

Du möchtest zwar lieber in der Normandie bleiben, aber der Herzog hat dich gebeten, zurückzugehen und für ihn zu spionieren. Du kannst es dir noch einmal überlegen.

Wenn du dich entscheidest, nach England zurückzukehren, lies weiter bei **245**. Wenn du aber dennoch in der Normandie bleiben willst, lies weiter bei **235**.

4

Als du die Spitze des Hügels erreichst, verweilst du einen Moment und starrst auf den Leichnam von König Harold.

Weiter geht's bei Abschnitt **51**.

5

Während du reitest, um deinen Kameraden gegen die Bauern zur Hilfe zu kommen, bemerkst du, dass Walter Giffard und andere angelsächsische Edle bereits versuchen, dem Schlachtfeld zu entkommen.

Bevor du sie verfolgen kannst, musst du dich jedoch erst um diese zwei englischen Bauern kümmern, die dich angreifen.

Erster Bauer
Mistgabel 5   Leben 3
Zweiter Bauer
Axt 6   Leben 2

Wenn du siegst, gehe direkt zur **249**. Ansonsten geht es weiter bei Abschnitt **11**.

6

Der Huscarl fällt zu Boden, als du ihn umrennst. Während du dich umdrehst, siehst du, dass nur noch wenige Normannen an den Kämpfen beteiligt sind.

Der Hauptteil der Armee ist auf der Flucht, Rufe schallen durch die Menge, dass Wilhelm tot und alles verloren ist.

Wirst du dennoch weiterkämpfen (weiter bei **141**) oder wirst du dich dem Rückzug anschließen (**269**)?

7

„Es gibt Sümpfe und dichte Wälder auf beiden Seiten dieses Gebirgskamms", erklärt Wilhelm. „Ich habe auf gar keinen Fall genügend Truppen, um einen Frontalangriff und das Flankier-Manöver durchzuführen. Harold würde eine solche Einheit abfangen, bevor sie sich in eine vorteilhafte Position bringen könnte und wir würden nur noch mehr Soldaten verlieren. Ich denke es ist das Beste, wir behalten unsere bisherige Strategie bei."

Enttäuscht, dass Wilhelm deinen Plan ablehnt, gehst du zu Abschnitt **193**.

8

Schwer atmend siehst du, dass sich die Nordländer schleunigst zurückziehen. Durch Tostigs Tod wurden sie ihres letzten Anführers beraubt und nun haben sie das dringende Bedürfnis, sich wieder in die Sicherheit ihrer Boote zurückzuziehen.

Wirst du die fliehenden Nordländer zu Fuß verfolgen (**97**) oder wirst du versuchen, ein Pferd zu finden und ihnen beritten hinterherzujagen (**41**)?

Oder wirst du rasten und bleiben wo du bist (weiter bei **268**)?

9

Als du zu Harold zurückkehrst, erfährst du, dass er mit den Norwegern verhandeln will. Wirst du mit ihm gehen (gehe zu Abschnitt **265**), oder wirst du in der Schlachtreihe warten (weiter bei **158**)?

10

Der Nordländer gleitet tot von der blutigen Klinge deines Schwertes und du rennst auf die Brücke zu. Du siehst dich um und stellst fest, dass alle norwegischen Soldaten auf dieser Seite des Flusses bereits ins Jenseits befördert wurden.

Nur ein einziger Wikinger steht noch unerschütterlich auf der Brücke, umringt von sterbenden oder bereits toten Angelsachsen. Keiner, der die Brücke überqueren will, kann sich dem grausamen Biss seiner Axt entziehen.

Wirst du dich aus dem Kampf heraushalten (weiter bei **146**) oder wirst du am Flussufer entlang nach einem anderen Weg ans andere Ufer suchen (**150**)?

11

Der Bauer schaut nur voller Verachtung auf dich herab und spuckt neben deinem Kopf auf den Boden. Dann erhebt er seine Waffe und befördert dich ins Jenseits. Solider angelsächsischer Mut hat dich besiegt. Ob er auch Wilhelm bezwingen wird? Du wirst es nie erfahren.

Dein Abenteuer ist hier zu Ende.

12

In einigen Metern Entfernung siehst du Tostigs Banner im Wind wehen, mitten über einer Gruppe von Nordländern. Mitten unter ihnen steht Tostig, der seinen Männern Befehle

zubrüllt. Er ist von einem festen Wall aus Schilden umgeben, aber er ist nicht unverwundbar.

Wirst du versuchen, dich zu ihm durchzuschlagen und ihn anzugreifen (weiter bei **44**) oder willst du dich auf den Rest des nordischen Schildwalls konzentrieren (weiter bei **227**)?

13

Lege mit 2 Würfeln eine Probe auf *Reiten* ab.

Bei Erfolg geht es weiter bei **196**. Sonst lies bei **144** weiter.

14

„Ich werde gehen, mein Lehnsherr", sagst du.
„Guter Mann!" Er schüttelt dir die Hand.
„Wenn ich erst einmal König dieses Landes bin, werde ich dir das nicht vergessen."

Nachdem du das Zelt mit Wilhelms Nachricht verlassen hast, steigst du auf dein Pferd und machst dich auf den langen und beschwerlichen Ritt in Richtung Hauptstadt.

Weiter bei **237**.

15

Du schlägst deinem Reittier die Hacken in die Seiten und befiehlst deinen Kameraden dir zu folgen. Der ganze Trupp legt an Tempo zu und schon bald fallen die Bauern zurück.
Bevor ihr jedoch erleichtert aufatmen könnt, versperrt euch eine zweite Gruppe in weniger als fünfzig Metern Entfernung den Weg. Sofort fallen sie über die Reiter her. Du musst kämpfen.

Lies weiter bei **120**.

16

Was für ein Empfang in Frankreich! Du wischst dein Schwert am Leichnam deines Angreifers ab und reitest weiter nach Ponthieu. Der Graf von Ponthieu steht in Herzog Wilhelms Diensten, so dass du aufs Freundlichste empfangen wirst und neben einem neuen Pferd auch Proviant und ein Nachtlager bekommst.

Erfrischt brichst du am nächsten Tag wieder auf und nach einigen ermüdenden Tagen zu Pferde erreichst du Rouen. Wenn du irgendwelche Wunden erlitten hast, sind diese inzwischen verheilt. Setze deine Lebenspunkte wieder auf ihren ursprünglichen Maximalwert zurück.

Weiter geht's bei **203**.

17

Unwillig stimmst du zu. Anscheinend gibt es keine andere Alternative, als gegen sie zu kämpfen.

Es dauert fast eine Stunde bis die Kolonne des Königs über den Hügel kommt. Als er deine missliche Lage erkennt, lacht er lauthals, obwohl er seine Besorgtheit nicht verbergen kann. „Er ist unser treuer Untertan", erklärt er seinen Huscarls und sie lassen dich los. „Wahrscheinlich wäre es besser für Euch, wenn Ihr ab jetzt mit mir reist, deBouard!"

Müde lächelnd stimmst du zu und schließt dich ihm an. Weiter bei Abschnitt **205**.

18

Du erreichst Harold, als er gerade seinen Männern Anweisungen gibt, die Gefangenen, die sie gemacht haben, zu versammeln. Er plant, nach Ricall zu marschieren und sie dort freizulassen, vorausgesetzt, dass er mit den überlebenden Nordländern eine Einigung erzielt. Lies weiter bei **221**.

19
Die Schiffe könnten die Vorhut von Wilhelms Heer sein. Wirst du losreiten, um sie zu treffen (Abschnitt **42**)? Oder willst du warten, bis deine Vermutung bestätigt ist (weiter bei **206**)?

20
Der erste Angriff kracht auf den nordischen Schildwall. Kriegslärm schallt über das Schlachtfeld und das Klirren von Metall gegen Metall dringt in deine Ohren.

Der ohrenbetäubende Lärm erreicht seinen Höhepunkt und du kannst ihn kaum ertragen. Beide Seiten haben schwere Verluste erlitten und trotzdem ist keine auch um nur einen Zoll gewichen. Der Schildwall ist blutig, aber weiterhin intakt.

Lies weiter bei **292**.

21
Harold schafft die Rückreise in vier Tagen und erreicht London am 5. Oktober. Als ihr die Stadt erreicht, entschließt du dich, FitzWimark aufzusuchen. Wenn du ein normannischer Spion bist, mach weiter bei Abschnitt **81**. Wenn du aber Harold treu ergeben bist, lies weiter bei **291**.

22
Fünf Angelsachsen fallen über Tostig her und innerhalb von Sekunden geht er zu Boden, blutig und zerschunden. Der „Verwüster" steht noch, aber einer der Soldaten wirft ihn um und verächtlich auf Tostigs Leichnam, den Arm in Siegerpose erhoben.

Sein Triumph ist jedoch nur von kurzer Dauer. Ein Wurfspeer durchbohrt seine Rüstung und euch wird klar, dass die Schlacht noch nicht gewonnen ist.

Wirst du an deiner aktuellen Position ausharren (**268**) oder wirst du die sich zurückziehenden Nordländer verfolgen (weiter bei **183**)?

23

Als du nach London zurückkehrst, lieferst du Wilhelms Antwort auf die Nachricht ab und bereitest dich vor mit Harold zu marschieren.

Der König verbringt die ersten Tage in London mit wichtigen Staatsgeschäften, während er auf Antwort auf die Nachricht wartet, die er Wilhelm durch einen Mönch überbringen ließ.

Die Antwort trifft am 11. Oktober ein und die Laune des Königs verschlechtert sich. Niemand darf erfahren, was Wilhelm geantwortet hat, aber Harold trifft sofort Vorbereitungen für einen Marsch, obwohl alle Ratgeber ihm davon abraten.

Weiter bei **124**.

24

Der angelsächsische Schildwall hält stand. Die englischen Truppen sind etwa sieben oder acht Meter hinter der Frontlinie der Huscarls aufgestellt.

Als die Fußsoldaten der Normannen dies mit Schrecken sehen, werden sie von einem Pfeilhagel niedergestreckt und ihre Reihen lösen sich auf.

Wirst du den Offizieren helfen ihre Männer zu sammeln (weiter bei **190**), vorwärts stürmen und hoffen, dass sie deinem Beispiel folgen (weiter bei **61**) oder dich den Hügel hinunter zurückziehen (weiter bei **224**)?

25

„Ich werde nach Norden reiten!" Du bleibst beharrlich und sie ziehen ihre Waffen. „Nicht wenn wir dich aufhalten", grinst einer und holt mit dem Schwert nach dir aus…

Der Kampf zu Pferde erfordert eine Probe auf *Reiten* in jeder Kampfrunde. Diese musst du machen, bevor du für dich und deinen Gegner würfelst. Wenn du scheiterst, darfst du in dieser Runde nicht angreifen. Du musst den Kampf zu Fuß weiterführen und deine berittenen Gegner dürfen eins zu ihrem Angriffswurf hinzuzählen.

Erster Huscarl
Axt 8   Leben 3
Zweiter Huscarl
Schwert 7   Leben 3
Dritter Huscarl
Schwert 8   Leben 3

Sie werden eine Kapitulation nicht akzeptieren und du musst bis zum Tod kämpfen. Wenn du gewinnst, lies weiter bei **68**. Ansonsten geht's weiter bei **163**.

26

Die zwei Soldaten packen dich und stoßen dir den Schaft ihrer Speere in den Bauch um dich ruhig zu halten, während sie dir deine Waffen abnehmen.

„Den hier bringen wir zu Tostig, sollte ein ganz nützlicher Fang sein!", sagt einer von ihnen.

Sie bringen dich an den Strand. Es scheint, dass Tostig nicht die Absicht hat hier zu bleiben. Sandwich steht in Flammen und seine Soldaten sind vielmehr daran interessiert, Beute aufs Schiff zu bringen als sich um eine mögliche Bedrohung durch die Engländer zu kümmern.

Tostig steht am Bug eines großen Langbootes und überwacht den Raubzug. Als er dich sieht springt er herunter und kommt mit einem breiten Grinsen auf dich zu. Defensiv grinst du zurück. Aber sein Lächeln verwandelt sich sogleich in ein Zähnefletschen.

„Ein Normanne!", ruft er. „Gut gemacht, Männer! Es wäre zu peinlich, wenn er überlebt hätte, um hiervon zu berichten. Tötet ihn!"

Bevor du auch nur ein Wort sagen kannst fühlst du einen stechenden Schmerz in deinem Rücken, als einer der Flamen dich durchbohrt.

Dein Abenteuer ist hier zu Ende.

27

Innerhalb von Minuten ist der gesamte Widerstand zerschlagen. Die Verzweiflung der Nordländer über Hårdrades Tod hat ihren Kampfgeist erlöschen lassen.

Die Gefangenen sind zusammen getrieben und die Schiffe beschlagnahmt. Der letzte nordische Edelmann, Olaf, verhandelt mit dem König um sein Leben. Die zwei jungen Grafen von Orkney, Paul und Erlend, der gerade erst Hårdrades Tochter geheiratet hat, sind ebenfalls unter den Gefangenen.

Unter dem Schwur, dass sie nie wieder Fuß auf englischen Boden setzen, erlaubt ihnen Harold einige ihrer Schiffe zu nehmen und sich zurückzuziehen.

Die Überlebenden füllen gerade einmal 24 der über 200 Schiffe, die vor zwei Wochen gelandet sind.

Weiter bei **212**.

28

Als du dein Anwesen in Northumberland erreichst, wirst du sofort in die Probleme verstrickt, die dich überhaupt erst zu dieser Reise bewogen haben. Das größte ist wohl ein Erbschaftsstreit, den du mit einer gewissen Genugtuung schlichtest. Die Probleme deiner Untertanen mögen im Vergleich zu denen des Landes klein erscheinen, aber wahrscheinlich sind sie für diese einfachen Leute wichtiger als die Frage, wer auf dem Thron von England sitzt.

Zwei Tage nach deiner Ankunft erreicht ein Bote das Tor deines Anwesens. Er kommt von Graf Morkere und berichtet, dass Tostigs Flotte erneut gesichtet wurde, diesmal vor der Küste Northumberlands, etwa zwanzig oder dreißig Meilen östlich von hier. Graf Morkere und sein Bruder, Graf Edwin, planen die Landung Tostigs zu verhindern und bitten dich um Beistand.

Wirst du dich ihnen anschließen (weiter bei **289**) oder wirst du mit deiner Frau auf deinem Anwesen bleiben (weiter bei **161**)?

29

„Für Gott und Harold!" Mit diesem Ruf holt der Bischof aus und verpasst dir den Todesstoß. Du fragst dich noch, ob er sich nach der Schlacht die Zeit nehmen wird, dir eine angemessene Bestattung zu gewähren, doch da versinkst du auch schon in ewige Dunkelheit...

Dein Abenteuer endet hier.

30

Als du FitzWimarks Kammern betrittst, begrüßt er dich herzlich und bietet dir etwas Wein an. Nachdem du es dir bequem gemacht hast, fängt er mit ernster Stimme an zu reden.

„Ich weiß, Ihr seid ein ehrbarer Mann, deBouard. Und ich weiß auch, dass Ihr Euch kürzlich erst geweigert habt, für den König gegen unseren Cousin Wilhelm zu spionieren. Dafür habt Ihr meinen Respekt. Aber ich habe auch mit dem Herzog Wilhelm selbst gesprochen, und er braucht dringend gute Männer. Männer von eurem Schlag. Wollt Ihr nicht ihm und Eurem Land dienen? Wenn ja, solltet Ihr das Angebot des Königs annehmen und in die Normandie reisen, dort wird Wilhelm Euch wissen lassen, was von Euch verlangt wird."

FitzWimark informiert dich, dass Wilhelm ebenfalls auf der Suche nach Spionen ist und bietet dir den Auftrag an. Du weißt, dass es keinen Sinn hätte, deinen Landsmann bei Harold anzuschwärzen, denn sein Wort wiegt im Rat des Königs mehr als dein eigenes. Du hast also zwei Möglichkeiten: Entweder du spionierst für Wilhelm (weiter bei **201**) oder du weigerst dich und hältst dich aus allem heraus (weiter bei **280**).

31

In einiger Entfernung erkennst du eine große Gruppe Männer, die sich rasch nähern. Sie reiten auf den kleinen, struppigen Ponys, von denen die Engländer meinen, man könnte sie „Pferd" nennen. Ihr Tempo ist allerdings nicht zu verachten.

Als der Trupp bei dir Halt macht, bemerkst du den König an der Spitze des Zugs. Er erkennt dich ebenfalls und grüßt dich, sichtlich erschöpft.

„Ich will, dass wir fünfzig Meilen zurücklegen, bevor wir heute Abend das Lager aufschlagen", ruft er. „Kommt mit uns oder reitet voran, aber trefft uns in Northumberland, deBouard!"

Willst du dich dem Zug anschließen und mit Harold reiten (**205**) oder willst du vorneweg reiten (weiter bei **172**)?

32

Als er fällt, siehst du dich schnell nach weiteren Feinden um. Aber es ist niemand da. Die Northumberländer verfolgen die flämischen Söldner und so stolpern diese in ihre Boote zurück. Du kannst erkennen, dass das Schiff mit Tostigs Standarte bereits draußen auf See ist. Die Northumberländer setzen ihre Hast bis an das Wasser fort, aber trotzdem haben es viele Söldner geschafft, zu entkommen.

Da kommt Morkere auf dich zugeritten.
„Ich habe euren letzten Kampf gesehen. Gut gekämpft", lobt er dich. Du dankst ihm mit einem breiten Lächeln und er zieht dich hinter sich auf sein Pferd, um dich zu deinem eigenen Reittier zurückzubringen.

Am Abend wird viel gefeiert und dich durchströmt das warme Gefühl, dass du nach jedem Kampf verspürst. Dafür hast du trainiert! Am nächsten Tag kehrst du zu deinem Anwesen zurück und musst dich entscheiden, ob du nun nach London zurückkehrst oder nicht.

Wenn du nach London reiten willst, lies weiter bei **72**. Wenn du aber noch etwas länger in Northumberland bleiben willst, geht es weiter bei **177**.

33

Du setzt deine Patrouille fort und bemerkst eine große Gruppe englischer Fyrd, die auf den Grat entlang der Straße von Hastings zureiten. Wirst du sie angreifen (weiter bei **152**) oder wirst du zurückreiten und Wilhelm Bericht erstatten (weiter bei **257**)?

34

Als du von Bord springst und in das Wasser eintauchst, verlierst du in den rauschenden Wellen deine Frau aus den Augen. Du schwimmst auf die Stelle zu, wo du sie vermutest und hast zum Glück richtig geraten.

Als du sie erreichst, greifst du nach ihrem Arm und sie klammert sich dankbar an dich. Du drehst dich um und siehst voller Schrecken, wie weit das Schiff entfernt ist...

Das Schiff ist nicht mehr zu sehen. Nicht mal ein Stück Treibgut zeugt von seinem wässrigen Grab. Dich in dein Schicksal ergebend trittst du Wasser und versuchst deine Frau solange über Wasser zu halten, wie es nur geht.

Es dauert jedoch nicht lange, bis eure Arme und Beine schwer werden und ihr versinkt in den Fluten, immer noch aneinander geklammert.

Dein Abenteuer endet hier.

35

So vergeht allmählich der Tag und die Männer auf beiden Seiten werden müde. Die Normannen wahrscheinlich noch mehr als die Engländer, die nichts weiter tun müssen als zu stehen und zu kämpfen.

Die Besorgnis steht Wilhelm deutlich ins Gesicht geschrieben und erneut bittet er dich um Rat.

Wirst du ihm sagen, dass du auch nicht weiter weißt (weiter bei **128**) oder vorschlagen, dass die Bogenschützen über den Schildwall in die Menge der Bauern schießen sollen (weiter bei **180**)?

Oder rätst du gar zum Rückzug (**284**)?

36

Während deiner Überfahrt nach Eu verbringst du zwei ereignislose Tage auf See und landest schließlich in der Normandie. Von hier nach Rouen sind es etwas über fünfzig Meilen, die du nach zwei weiteren Tagen ebenfalls zurückgelegt hast. Als die Stadt in Sichtweite kommt, liest du weiter bei **203**.

37

Als er den Fuß des Hügels erreicht, öffnet Wilhelm sein Visier. Er befiehlt den fliehenden Männern, sich um ihn zu versammeln und sie verlangsamen ihr Tempo. Hügelaufwärts haben einige Hundert der Angelsachsen ihre Reihen geöffnet, um die zurückkehrende Kavallerie durchzulassen. Wilhelm erkennt die Chance und gibt sofort den Befehl zum Gegenangriff. Die normannische Kavallerie prescht vor und du folgst dicht hinter Wilhelm. Weiter bei **287**.

38

Die Bauern sind zu Fuß, also solltest du sie, sofern du durchbrechen kannst, leicht abhängen können. Du befiehlst Pierre, dicht hinter dir zu bleiben und gibst deinem Pferd die Sporen zum Galopp.

Als du näher kommst, zerstreuen sich die Bauern und du gelangst unbeschadet durch ihren Hinterhalt. Vor Erleichterung aufatmend liest du weiter bei **93**.

39

Während du mit dem König in Bosham wartest, erreicht euch die Nachricht, dass mehrere englische Schiffe in einem Sturm verloren gingen, der sie auf ihrem Rückweg nach London überrascht hat. Harold macht sich am 13. September auf dem Weg in die Stadt und erhält sofort bei seiner Ankunft die Nachricht, dass Herzog Wilhelm tatsächlich erst vor wenigen

Tagen den Versuch einer Invasion unternommen hat! Aber derselbe Sturm, der die englische Flotte überrascht hat, zwang auch ihn, im Hafen von St. Vallier Zuflucht zu suchen. Sein Versuch ist damit gescheitert. Der König, gebeugt von den Belastungen der letzten Monate, wird krank und muss wegen seines schlimmen Beines das Bett hüten.

Nur wenige Tage später, am 19. September, trifft ein Bote mit schlechten Neuigkeiten aus dem Norden ein. König Harald Hårdrade von Norwegen ist in England eingefallen und zieht plündernd und brandschatzend durchs Land. Die Stadt Scarborough steht bereits in Flammen! Bei dieser Neuigkeit verlässt der König sein Bett und gibt Order, dass sich seine Huscarls sofort zum Marsch bereit machen sollen.

Wartest du, bis die Armee zum Aufbruch nach Norden bereit ist (weiter bei **240**) oder machst du dich, in Sorge um die Sicherheit deiner Frau, sofort auf den Weg (weiter bei **278**)?

40

In der Nähe steht reglos ein Pferd, von der gefrorenen Hand eines toten Engländers an der Zügel gehalten. Du nimmst die Zügel aus dem gefühllosen Griff, spornst das Pferd an und nimmst die Verfolgung der nordischen Truppen auf. Während du nach Opfern Ausschau hältst, siehst du zwei Männer, die einige hundert Meter vor dir rennen.

Du kannst einen von ihnen niederrreiten, wenn du eine erfolgreiche Probe auf *Reiten* ablegst. Ansonsten musst du sie ganz normal bekämpfen, darfst dir aber für deinen Vorteil zu Pferde einen Punkt zu deinem Angriffswurf hinzuzählen.

Erster Mann
AXT 6   LEBEN 2
Zweiter Mann
SPEER 7   LEBEN 3

Wenn du gewinnst, geht's weiter bei **50**. Wenn du aber verlierst, musst du zu Abschnitt **176**.

41

Deine Entscheidung ist riskant, aber wenn sie sich auszahlt, bist du umso schneller in Rouen. Die Reise dauert drei Tage und die ersten zwei Tage ist das Wetter hervorragend.

Doch am dritten Tag verlässt dich das Glück. Ein Sturm bläst von Südwesten her und das kleine Boot schaukelt gefährlich hin und her, während der Kapitän versucht einen Hafen zu erreichen – irgendeinen Hafen.

Als du gerade die Hoffnung aufgibst, je wieder Land zu sehen, zeichnet sich die Küstenlinie ab. Ein Jubel geht durch die Runde, aber ihr freut euch zu früh. Eine Riesenwelle brandet über das Deck und spült dich von Bord. Als du wieder auftauchst, siehst du, wie das Boot anfängt unter dem Wüten des Sturms auseinanderzubrechen.

Lege eine Probe auf dein *Glück* ab.

Wenn du Glück hast, geht es weiter bei **218**.

Wenn nicht, lies weiter bei **58**.

42

Du reitest geschwind nach Sandwich und siehst, dass Teile der Stadt bereits in Brand gesteckt wurden. Bald erfährst du, dass dies nicht Wilhelms Tat ist, sondern dass Harolds Bruder Tostig dahinter steckt.

Er war im Exil, ist nun aber gelandet, um seinen Thronanspruch gegen seinen eigenen Bruder durchzusetzen, mit einem Heer flämischer Söldner an seiner Seite.

Plötzlich tauchen zu deinen beiden Seiten zwei Männer mit Kurzspeeren auf. Wirst du dich ergeben (weiter bei **26**) oder stellst du dich ihnen zum Kampf (weiter bei **251**)?

43
Die Truppen formieren sich auf der anderen Uferseite neu und stoßen bis an Hårdrades Schlachtreihe vor. Die Brücke ist an Harold gefallen. Seine Männer rücken vor und bleiben vor dem nordischen Schildwall stehen.

Weiter bei Abschnitt **9**.

44
Zwei große Nordländer springen hervor, als du auf Tostig zustürmst. Sie wollen dich daran hindern, ihn zu erreichen. Du musst gegen sie kämpfen.

Erster Wikinger
Axt 7   Leben 3
Zweiter Wikinger
Axt 7   Leben 2

Wenn du siegst, lies weiter bei **155**.

Ansonsten geht es weiter bei **112**.

45
Wilhelm empfängt Aelfwigs Banner mit schallendem Lachen. „Gut gemacht!", sagt er und deutet hinter das Gewirr der kämpfenden Männer. „Ist das dort Harolds Banner?"

Du drehst dich um und erkennst tatsächlich die Standarte des Königs mit dem kämpfenden Mann darauf. Außerdem siehst du, dass eine Gruppe normannischer Ritter es geschafft hat, durch eine der Lücken im Schildwall der Angelsachsen zu brechen und nun in Richtung des Königs eilt.

Wirst du reiten, um dich ihnen anzuschließen (weiter bei **117**) oder bleibst du hier bei Wilhelm (weiter bei **266**)?

46
Voller Ungeduld wartest du mehrere Stunden auf deinen Diener, aber er kommt nicht. Dann bringt dir ein Dorfbewohner die Nachricht: Man hat ihn ein paar Meilen die Straße hinunter tot aufgefunden. Allem Anschein nach wurde er gegen Mittag von einem wilden Eber überrannt!

Voller Reue besteigst du dein Pferd und reitest wieder in Richtung Nordstraße.

Weiter bei **31**.

47
Als du in Thanet ankommst, musst du feststellen, dass Tostig bereits wieder in See gestochen ist. Er machte hier nur kurz Halt, um einen alten Freund von ihm, Herzog Copsi, an Bord zu nehmen. Seine Schiffe wurden zuletzt nordwärts an der Küste entlang gesehen.

Erschöpft steigst du wieder auf dein Pferd und reitest nach London zurück.

Weiter bei **168**.

48
Keuchend riskierst du einen Blick nach links und rechts und siehst, dass die Zahl der Normannen, die den Schildwall angreifen, viel geringer ist als erwartet. Immer mehr Huscarls

rücken vor und nehmen die Plätze ihrer gefallenen Kameraden ein. Du musst dich entscheiden, ob du ihnen standhältst (weiter bei **239**) oder aber zum Rückzug bläst (weiter bei **269**).

49

Du erreichst die Hügelspitze umgeben von den normannischen Rittern und stürmst durch die tobende Menge von Pferden und Fußsoldaten. Die Engländer kämpfen wie besessen, um gegen den Ansturm der gesamten normannischen Armee standzuhalten, aber trotz ihrer organisierten Verteidigung erkennst du Lücken in ihrer vordersten Reihe.

Wirst du den dir nächsten, noch intakten Teil ihrer Verteidigungslinie vornehmen (weiter bei **83**), zu der Stelle reiten, an der du das Banner des Abtes von Winchester gesehen hast (weiter bei **262**) oder dich einer Gruppe von Rittern anschließen, die die Front der Angelsachsen aufgerieben haben und sich jetzt ihren Weg durch die sich zurückziehenden Bauern kämpfen (weiter bei **5**)?

50

Die zwei Nordländer liegen tot zu deinen Füßen. Du drehst mit deinem Pferd um und bahnst dir wieder deinen Weg durch die Leichenberge hin zu Harold, der nur ein paar hundert Meter entfernt ist.

Weiter bei **18**.

51

Als du auf den verstümmelten Leichnam des Mannes blickst, der einst dein Freund – manchmal auch politischer Gegner – aber nie dein Feind war, erscheint Herzog Wilhelm neben dir. Er steigt von seinem Pferd ab und bleibt ernsthaft schweigsam einige Sekunden neben dir stehen. Neugierig siehst du zu ihm herüber, um sein Gesicht zu sehen. Er scheint voll Zorn über die Demütigung des toten Königs.

„Wer hat das getan?", fragt er ruhig, aber mit einer Stimme wie Stahl und du sagst ihm, dass Ponthieu der Schuldige ist.

Wilhelm flucht vor sich hin. „Ich werde mich um ihn kümmern", verspricht er und es scheint dir, als würden seine Worte dem toten Körper vor euch gelten.

Die Tränen nehmen dir die Sicht auf diesen garstigen Anblick und so besteigst du wieder dein Pferd und reitest zusammen mit Wilhelm die Straße entlang, die auf der anderen Seite des Hügels hinunter führt.

In der Ferne fliehen die Engländer Hals über Kopf und die normannische Kavallerie verfolgt sie immer noch in wildem Sturm. In der Nähe hingegen liegen viele Normannen und ihre Pferde tot am Grund einer Schlucht, die die Straße umgibt.

Wilhelm schaut auf die Leichen so vieler seiner edlen Ritter und muss nach Atem ringen, als er unter ihnen Eustach de Boulogne erkennt, seinen Verwandten. Er seufzt schwer und sieht dann auf.

„Ruft die Kavallerie zurück und treibt die Gefangenen zusammen", sagt er zu einem seiner Berater. „Wir haben eine große Schlacht gewonnen, aber es ist noch nicht vorbei."

Weiter bei **263**.

52
Der Speer verfehlt den Huscarl, auf den du gezielt hast, und fällt stattdessen einen Bauern hinter ihm. Dein Gegner hastet auf dich zu und schwingt wie wild sein Schwert.

Wirst du gegen ihn kämpfen (weiter bei **248**) oder wirst du davongaloppieren, um Wilhelm Meldung zu machen (weiter bei **89**)?

53
Der Axtkämpfer gleitet zu Boden, als du dein Schwert aus seiner Brust ziehst. Du schaust nach links und rechts und siehst, dass der Kampf mit erneuerter Wildheit weiter tobt.

Du kannst entweder hier bleiben, um wieder zu Atem zu kommen (weiter bei **8**) oder auf Tostig zuhalten (weiter bei **44**).

54
Widerstrebend kehrst du zum Schlachtfeld zurück. Dort steht ein an einen Baum gebundenes Pferd, das du losbindest und besteigst.

Weiter bei **18**.

55
Die Diener führen deine Befehle aus, packen und bereiten alles für die lange Reise vor. So früh wie möglich brichst du mit deiner Frau und vielen Dienern auf. Ihr kommt nur langsam voran, aber das Wetter ist gut und die Lande, die ihr durchstreift, sind schön. Es ist sehr angenehm, so in gemächlichem Tempo entlang zu reiten und dich in deiner Muttersprache mit deiner Frau und deinen Begleitern unterhalten, die für dich mehr Freunde als Diener sind.

Drei Tage nach eurem Aufbruch aus London durchreitet ihr ein ruhiges, bewaldetes Stück der Straße, lacht und redet, als plötzlich etwas im Unterholz am Straßenrand raschelt. Du schaust zu der Stelle und siehst gerade noch, wie eine Gruppe bewaffneter Bauern aus dem Hinterhalt auf euch zustürmen.

Sie sind bewaffnet mit Mistgabeln und Knüppeln und stürzen sich mit Gebrüll auf euch. Vielleicht glauben sie, du wärst ein normannischer Eindringling. Du musst dich rasch entscheiden. Wirst du dich verteidigen (weiter bei **120**), ihnen zurufen, dass du Engländer bist (weiter bei **64**) oder versuchen, ihnen zu Pferde zu entkommen (weiter bei **15**)?

56
Die normannische Kavallerie hat die Gruppe der den Hügel hinabstürmenden Angelsachsen stark dezimiert. Nur wenige haben überlebt. Wilhelm zieht seine Truppen zurück, um sie am Fuße des Hügels neu zu formieren. Weiter oben wagen sich einige Engländer ein kleines Stück vor, um sich ihre Geschosse wieder zu holen.

Lies weiter bei **84**.

57
Die Trompeten der Angelsachsen geben das Signal zum Rückzug. Du reagierst sofort und lässt dich zurückfallen. Währenddessen formieren sich einige der Engländer bereits in etwa zwanzig Metern neu und du eilst, um dich ihnen mutig anzuschließen.

Weiter bei **169**.

58
Die See ist so rau, das selbst deine verzweifeltesten Versuche, deinen Kopf über Wasser zu halten, aussichtslos sind und deine Lungen fangen an, sich mit Wasser zu füllen. Schon bald hast du die Kraft verloren, gegen dein Schicksal weiter anzukämpfen und versinkst lautlos in der stürmischen See.

Dein Abenteuer endet hier, in einem nassen Grab.

59
Wilhelm ist nun schon einige Tage hier in der Abtei von Fécamp, aber wenn nötig wird er auch noch einige Tage länger warten. Er verbringt die nächsten Stunden damit, seine Verteidigung gegen Harold vorzubereiten und mit seinem Bruder Odo, der trotz seiner gerade mal 19 Jahre bereits Bischof von Bayeux ist, Taktiken zu besprechen.

Man weist dir deinen Platz in der Schlachtreihe zu und rät dir, dich auszuruhen und mit dem Rest der Truppen zu warten.

Weiter bei **96**.

60
Du entscheidest, dass es das Beste wäre, zumindest Nachforschungen über deinen Rang in der Normandie anzustellen. Als du fortgingst, fielen deine Ländereien an deinen jüngeren Bruder und er hat nun als einziger Anspruch darauf. Du hast seit fast einem Jahr nichts mehr aus deiner Heimat gehört und so erscheint es dir eine gute Gelegenheit, mal vorbeizuschauen.

Als du dich gerade zum Aufbruch bereit machst, trifft ein Bote ein und bittet dich Robert FitzWimark zu besuchen, bevor du gehst. Wirst du seiner Bitte nachkommen (weiter bei **137**) oder direkt nach Folkestone reiten, um dich in die Normandie einzuschiffen (weiter bei **222**)?

61
Durch deinen Vorstoß ermutigt, lässt die Unentschlossenheit der normannischen Fußsoldaten nach. Als du die Reihen der Angelsachsen erreichst, treten zwei Huscarls hervor und greifen dich an.

Du musst gegen sie kämpfen.

Erster Huscarl
SCHWERT 8   LEBEN 3
Zweiter Huscarl
AXT 7   LEBEN 3

Wenn du gewinnst, lies weiter bei **165**. Scheiterst du jedoch, weiter bei **153**.

62

„Mein Herr, ich muss um mein Leben fürchten, wenn ich jemals wieder nach London zurückkehre", antwortest du.
Er lächelt verbissen. „Ich verstehe", sagt er. „Na gut, wir finden schon jemand anderen."
Damit entlässt er dich und du findest dein Pferd vorbereitet zum Aufbruch zur Armee vor.

Weiter bei **71**.

63

Verzweifelt holst du mit deinem Schwert aus und springst auf den Diener zu. Das Spektakel hat die übrigen Personen im Palast gewarnt und rasch trifft Verstärkung ein. Du kannst unmöglich gegen alle kämpfen und schon bald bist du dicht umzingelt. Schließlich findet ein Schwert seinen Weg an deine Kehle und Dunkelheit überkommt dich.

Dein Abenteuer ist hier zu Ende.

64

„Wir sind Engländer!", rufst du den heranstürmenden Bauern zu, aber sie hören dich nicht. Ein geworfener Knüppel schleudert einen deiner Begleiter vom Pferd und du musst dich nun entscheiden, ob du kämpfen (weiter bei **120**) oder fliehen (weiter bei **15**) möchtest.

65
Zwei Männer springen zu deiner Linken aus den Büschen. Nordländer! Du hechtest vor, um sie an der Flucht zu hindern. Du musst sie mit deinem Schwert bekämpfen.

Erster Mann
AXT 6   LEBEN 2
Zweiter Mann
SPEER 7   LEBEN 3

Wenn du gewinnst, lies weiter bei **173**. Solltest du versagen, weiter bei **159**.

66
Deine ungeschickte Landung betäubt dich lange genug für deine Feinde, um dich zu umzingeln und zahlreiche Treffer zu landen. Du hast keine Chance, zurückzuschlagen und so erliegst du bald den wütenden Attacken zu vieler Widersacher.

Dein Abenteuer endet hier.

67
Immer mehr flämische Truppen rennen auf dich zu, so dass du dich umdrehst und fliehst. Der Anblick ihrer toten Kameraden beschleunigt ihre Schritte zusätzlich. Zum Glück haben sie keine Bögen und du kannst deinen Vorsprung weiter vergrößern.

Als du dich bei deiner Flucht umsiehst, entdeckst du dein Pferd, das wohl während der Schlacht gescheut haben muss. Du springst auf und galoppierst auf Harolds Lager zu.

Als du im Lager ankommst, siehst du Harold, der sich bereits darauf vorbereitet, auszureiten und sich gegen seinen Bruder zu stellen.

Rasch berichtest du ihm von deinen Taten und Entdeckungen und galoppierst dann mit ihm wieder Richtung Sandwich.

Er hat nur wenige hundert Soldaten um sich, aber du denkst, dass dies reichen sollte, um mit Tostig fertig zu werden. Schließlich hast du ja nur ein paar Dutzend Flamen sehen können.

Lies weiter bei **105**.

68

Du blickst auf die Leichen deiner Gegner hinunter und fragst dich, ob dies wirklich Leibgardisten waren? Es scheint dir das Vernünftigste, ihre Leichen zu verstecken und so zu tun, als wäre das hier nie passiert.

Als du fertig bist und gerade wieder auf dein Pferd steigen willst, erkennst du die Straße hinunter des Königs Kolonne heranziehen. Es wäre Narretei jetzt weiter zu reiten, also wartest du am Straßenrand.

Als Harold an dir vorbeizieht, lächelt er.
„Habt Ihr Euch doch entschieden, zu warten?", fragt er.

Du zwingst dich zu einem Lächeln und stimmst zu, bevor du dich dem Rest der Kolonne anschließt. Anscheinend schöpft niemand Verdacht.

Weiter bei **205**.

69

Du ergibst dich kampflos und wirst zu einem stark befestigten Turm inmitten der Boulogne geführt. Hier wirst du von deinen Begleitern getrennt und inhaftiert, während einer von ihnen mit einer Lösegeldforderung nach Rouen geschickt wird.

Die Zeit verstreicht im Gefängnis nur langsam und obwohl man dich nicht schlecht behandelt, wünschst du dir bald, du wärest wieder auf deinem Anwesen in England und beschließt, so bald wie möglich dorthin zurückzukehren.

Nach zwei Monaten des Wartens ist das Lösegeld schließlich bezahlt, durch die Großzügigkeit von Herzog Wilhelm persönlich, und du wirst auf deinen Weg nach Rouen entlassen. Nach mehreren anstrengenden Reisetagen erreichst du schließlich den Hof von Wilhelm.

Weiter geht es bei **203**.

70

In der Dunkelheit hast du keine Schwierigkeiten, den angelsächsischen Wachen aus dem Weg zu gehen und so erreichst du Wilhelms Lager mit Leichtigkeit. Du berichtest ihm, dass du die Stärke des feindlichen Heeres auf weniger als 10.000 Mann schätzt. Wilhelm nickt, als du ihm sagst, dass wahrscheinlich kaum ein Viertel davon richtige Soldaten sind.

„Bleibt bei mir und lasst mich an Eurer Erfahrung teilhaben, deBouard", sagt er.

Weiter bei **151**.

71

Wilhelm schickt Boten nach London aber er selbst nähert sich der Stadt nicht. Er hat beschlossen, seine Stärke durch die Unterwerfung mehrerer kleinerer Städte in der Umgebung zu demonstrieren.

Er nimmt unter anderem auch Dover ein und bleibt dort für acht Tage, bevor er seine Truppen im Kreis um die Hauptstadt herum weiter landeinwärts führt.

Schließlich trifft eine Nachricht aus London ein. Die Witan haben sich zur Aufgabe entschieden und Erzbischof Stigand ist unterwegs, um dem Herzog der Normandie die Lehnstreue anzubieten.

Durch die Reihen der normannischen Edlen geht eine Reihe von Seufzern der Erleichterung. Die Armee ist ernsthaft geschwächt und es ist ungewiss, ob Wilhelm die Stadt in einem direkten Angriff hätte einnehmen können. Glücklicherweise ist das jetzt aber nicht mehr nötig. Seine Einschüchterungstatik scheint funktioniert zu haben.

Die Armee zieht gen London. Bei Tower Hill wird eine Festung errichtet, in der Wilhelm Residenz bezieht.

Weiter geht es bei **219**.

72

Ist deine Frau bei dir im Anwesen?

Wenn ja, lies weiter bei **274**.

Wenn du dich aber für deine Reise alleine vorbereitest, lies weiter bei **177**.

73

Du weißt, dass es ein hoffnungsloses Unterfangen wäre, deine Frau retten zu wollen und klammerst dich fest an den Mast, als eine weitere Riesenwelle das Schiff trifft.

Einige Sekunden lang bist du unter Tonnen von Wasser begraben. Dann ist es vorüber und du atmest erleichtert auf.

Zu früh! Über dir hörst du ein leises Knacken und als du hochschaust, siehst du nur noch wie die obere Hälfte des Masts auf dich hinab fällt.

Dein Abenteuer ist hier zu Ende...

74

Die Angst überwältigt dich und du rennst zu deinen Gemächern im Palast. Du sagst deiner Frau, sie solle sich auf eine Reise vorbereiten und fängst rasch an zu packen. Bevor du aber auch nur halb fertig bist, klopft es bereits an der Tür und einer der Diener des Königs steht vor dir, eine Hand an seinem Schwert ruhend.

„Der König wünscht Eure Anwesenheit", sagt er und erhascht einen Blick auf deine eiligen Vorbereitungen. „Ihr müsst sofort mit mir mitkommen."

Wirst du ihm folgen (weiter bei **114**) oder wirst du versuchen zu kämpfen und aus der Stadt zu fliehen (weiter bei **63**)?

75

Als du auf das Flussufer zureitest, springt ein Wikinger aus den Büschen und reißt dich vom Pferd.

Würfle für deine *Schnelligkeit*.

Wenn du scheiterst, greift er zuerst an. Bei Erfolg greifst du wie gewohnt zuerst an.

Wikingerseemann
SCHWERT 6 LEBEN 3

Wenn du gewinnst, lies weiter bei **184**. Ansonsten geht es für dich zu **132**.

76

Am 24. April ist der Himmel wie von einem feurigen Stern erleuchtet. Wilhelm meint, er kündige den Fall von Harold an und die meisten Leute glauben ihm. Unter dem Licht dieses himmlischen Gebildes sind die Boote auch endlich fertig vorbereitet.

Das Wetter und der Kanal sind ungewöhnlich ruhig, so dass Wilhelm trotz seines innigen Strebens in See zu stechen an Land bleiben muss. Kein Wind, keine Invasion. So bleibt es einige Wochen. Im späten August setzt die Flotte schließlich auf Wilhelms Drängen hin Segel.

Weiter bei **226**.

77

Allmählich zahlen sich Beharrlichkeit und Anzahl für die Angelsachsen aus. Die Linien der Nordländer weisen große Lücken auf – der viel gepriesene Schildwall bricht unter dem Druck zusammen. Tostig hält jedoch unnachgiebig stand, flankiert von ausgesuchten nordischen Axtkämpfern, während Hårdrades Banner stur im Wind weht.

Wirst du einen Angriff auf ihn unternehmen (weiter bei **44**) oder willst du dich auf den brüchig werdenden Schildwall konzentrieren (weiter bei **227**)?

78

Das Treffen der Menschen von York mit Hårdrade ist für kurz nach Tagesanbruch des 25. Septembers anberaumt. Schon lange vor Sonnenaufgang ist der König wach und zieht seine

Truppen zusammen. Als die ersten Strahlen der Morgensonne schließlich die Stadtmauern erhellen, führt er seine Kolonne berittener Männer zur Stamford-Brücke. Du reitest stolz direkt hinter ihm und auf seltsame Weise freust du dich schon fast auf den Kampf. Deine normannische Jugend ist noch stark in dir und der Krieg ist das Ziel deiner Ausbildung gewesen.

Dein Geist ist ebenfalls frei von Sorgen. Letzten Abend erhieltest du sorgsame Auskünfte, dass die Normannen sich deinem Anwesen auf nicht mehr als zehn Meilen genähert haben und so sind deine Befürchtungen darüber verschwunden. Vor dir liegt nichts anderes als die kommende Schlacht.

Weiter bei **252**.

79

Der Ritt nach Northumberland ist lang und beschwerlich und du bist froh, als deine Kompanie endlich in Sichtweite deines eigenen kleinen Anwesens kommt, als ihr gerade auf der Straße nach York seid. König Harold nimmt deine Einladung zum Rasten gerne an und so verbleibt ihr dort einen Tag, bevor ihr nach York weiterreist.

In York trifft er sich mit dem Grafen von Mercia, Edwin, und dem Grafen von Northumberland, Morkere, zwei jungen Brüdern. Hier sind außerdem die Gesandten der northumberländischen Bevölkerung versammelt und schnell ist ein zweites Witan des Nordens einberufen. Es dauert lediglich einen Tag, bis sie ihren südlichen Kollegen zustimmen und so wird Harold ein zweites Mal zum König ausgerufen.

Es folgt ein Woche voller Feste, während der Harold viele Geschenke macht. Dir verspricht er weitere eintausend Morgen Land und reagiert auf deine Wellen von Danksagungen nur mit einem Handstreich.

Schließlich ist es für den König wieder an der Zeit, London zu verlassen. Wirst du ihn begleiten (weiter bei **213**) oder in Northumberland bleiben und nach deinen Ländereien sehen (weiter bei **200**)?

80

Stöhnend und deine eigene Dummheit verfluchend beerdigst du deinen Pagen und setzt deinen Weg fort. Bald verlässt du den Wald und beschließt, nach Hatfield zurückzukehren. Als du dort ankommst, hörst du Gerüchte, dass der König hierher käme. Du reitest zur Nordstraße, um dort Ausschau zu halten.

Weiter bei **31**.

81

FitzWimark ist überrascht dich zu sehen, aber empfängt dich herzlich.

„Herzog Wilhelm ist in Pevensey", sagt er zu dir. „Er möchte die Stärke von Harolds Armee in Erfahrung bringen. Ich habe hier außerdem eine Nachricht für ihn, die Ihr überbringen sollt."

Wirst du zustimmen und dich auf den Weg zu Wilhelms Lager bei Pevensey machen (weiter bei **100**) oder wirst du dich weigern (weiter bei **290**)?

82

Es könnte Monate dauern bis Rouen auf eine Lösegeldforderung antwortet und selbst dann wäre der Ausgang ungewiss. Du hasst den Gedanken, wochenlang in einer stinkenden Zelle in Flandern zu sitzen. Du gibst deinem Pferd die Sporen, reitest den Kapitän um und springst mit deinem Pferd über einige Fässer, um die wartenden Soldaten zu umgehen.

Deine Begleiter folgen dir schnell nach und schon bald galoppiert ihr aus der Stadt und die Straße hinunter zur Grenze.

Nachdem ihr eine halbe Stunde hart geritten seid, verlangsamst du dein Tempo und hältst auf der Straße hinter euch Ausschau nach Verfolgern. Du kannst niemanden sehen und so macht ihr an einer ruhigen Stelle Rast. Bald kommt das Dorf, das die Grenze zwischen Flandern und Ponthieu markiert, in der Ferne in Sicht. Du atmest erleichtert auf. Zu früh.

Hinter dir sichtet einer deiner Begleiter plötzlich Reiter, die euch verfolgen. Ihr prescht los, aber es ist klar, dass sie euch einholen werden, bevor ihr in Sicherheit seid. Als sie euch einholen, greifst du hart in die Zügel und ziehst dein Schwert.

Es sind drei Reiter, aber du wirst nur einen bekämpfen müssen. Um die anderen beiden können sich deine Begleiter kümmern.

Reiter
SCHWERT 6   LEBEN 3

Wenn du gewinnst, geht es weiter bei **16**. Wenn du verlierst, lies weiter bei **132**.

83
Zwei Huscarls treten dir entgegen. Du musst gegen sie kämpfen.

Erster Huscarl
SCHWERT 7   LEBEN 3
Zweiter Huscarl
AXT 6   LEBEN 2

Wenn du gewinnst, lies weiter bei **185**. Ansonsten geht es weiter bei **163**.

84

Wilhelm fordert mehr Pfeile für seine Bogenschützen an und bald werden sie bereit gestellt. Die Bogenschützen ziehen den Hügel hinauf und feuern erneut auf die Angelsachsen, die während der kurzen Pause Wasserflaschen und Brotkanten durch die Reihen gehen ließen. Als sie ihre Schilde erheben, um sich vor den herabfallenden Geschossen zu decken, befiehlt Wilhelm seinen Fußsoldaten den Vormarsch.

Wirst du dich ihnen anschließen (weiter bei **24**) oder wirst du bei Wilhelm bleiben und zusehen (weiter bei **188**)?

85

Wilhelm führt seine Truppen gegen die letzten Inseln des britischen Widerstandes. Den Schildwall gibt es nicht mehr. Zu viele der Huscarls sind tot und viele der Bauern ergreifen bereits die Flucht.

Wirst du direkt auf König Harold zuhalten (weiter bei **117**) oder wirst du bei Wilhelm bleiben und den Angriff auf die angelsächsischen Stützpunkte organisieren (weiter bei **207**)?

86

Als du nach London zurückkehrst, übergibst du Robert FitzWimark die Nachricht, die dir Wilhelm für ihn mitgab. Während er sie liest, klopft er dir auf den Rücken und lächelt.

„Verhaltet Euch völlig normal", rät er dir. „Jegliche Information, die Ihr habt, schickt Ihr in Euren üblichen Briefen an Euren Bruder. Ich bin froh, dass wir Euch auf unserer Seite haben."

Du verlässt seine Räumlichkeiten in dem alten Palast und kehrst nun zur Begrüßungsfeier, die deine Frau arrangiert hat, zurück. Weiter geht es bei **280**.

87
Der König reitet zurück nach London und lässt gleich nach dir schicken.

„Meine Truppen sind zu müde, um sofort weiter zu marschieren und Staatsgeschäfte erfordern meine Anwesenheit in London. Reist für mich nach Thanet und erstattet mir Bericht über die dortigen Vorkommnisse."

Da du einen direkten Befehl des Königs schlecht ablehnen kannst, sattelst du dein Pferd und reitest los.

Weiter bei **47**.

88
So nah und doch so fern. Als du dich gerade erhebst, nachdem du den letzten deiner Gegner bezwungen hast, erscheinen zwanzig weitere Leibwächter wie aus dem Nichts und fallen über dich her, hacken und schlagen auf dich ein, bis dein Körper nicht mehr wiederzuerkennen ist.

Hättest du es doch nur geschafft, diese Leibwächter zu besiegen, so hättest du Harold selbst stellen können. Aber du kannst die angelsächsische Armee nicht im Alleingang bezwingen.

Es besteht kein Zweifel, dass du in die Geschichtsbücher eingehen wirst, und sei es nur wegen deines Kampfmutes. Du hast tapfer gekämpft, aber närrisch.

Dein Abenteuer endet hier.

89
Mitten in der Verwirrung des Rückzuges reitet Wilhelm voran und sammelt erneut seine Männer. Weiter bei **186**.

90
Du entscheidest dich, beim König zu bleiben und taumelst davon um einen Platz zum Schlafen zu finden. Doch allzu bald schon wirst du durch den Lärm der Armee geweckt, die sich zum Marsch bereit macht. Du ziehst dich auf dein Pferd und siehst grimmig einem weiteren Tag anstrengenden Reisens entgegen.

Am Nachmittag erreicht der Zug Gainsborough und Wilhelm trifft sich mit einigen der Kundschafter, die er letzte Nacht ausgesandt hatte. Es scheint, als hätte Hårdrade tatsächlich Edwin und Morkere in einer Schlacht direkt vor York bei Fulford besiegt. Sie haben aber überlebt und konnten sich in die Stadt zurückziehen, die sich Hårdrade jedoch ohne weiteren Kampf ergeben hat. Jetzt fordert er Geiseln aus der Stadt.

Harold zeigt keine Reaktion, außer dass das Tempo beschleunigt wird. Er sendet außerdem weitere Kundschafter aus und wieder einmal darfst du wählen. Wirst du beim König bleiben (weiter bei **234**) oder mit den Kundschaftern gehen (weiter bei **189**)?

91
Die Bauern sind tot, aber dir bleibt keine Zeit, dich über deinen Sieg zu freuen. Immer mehr von ihnen nähern sich und du hast nicht das Verlangen, dich der anrückenden Menge der Angelsachsen zu stellen. Du kehrst um und reitest zur Berichterstattung zu Wilhelm.

Weiter bei **257**.

92
Da du die Möglichkeit erkennst, dass Wilhelms Pläne durch den Unwillen seiner Barone scheitern könnten, beschließt du, etwas länger in der Normandie zu bleiben.

Durch Gespräche mit vielen der Barone kannst du dir zusammenreimen, was hinter den Kulissen vor sich geht. Viele widersprechen Wilhelms Plan, aber vergeblich. Obwohl er befürchtet, dass sie sich gegen ihn wenden, lässt Wilhelm weiter Schiffe bauen.

Selbst jetzt sind die Arbeiter schwer damit beschäftigt, Bäume zu fällen und von den Fischern zu lernen, wie man Boote baut. Der Herzog hat außerdem Gesandte zum Papst in Rom, dem König von Frankreich und die umliegenden Herzogtümer geschickt, um für sein Vorhaben Verbündete zu gewinnen.

Die Sicherheit wird verschärft und etliche von König Harolds Spionen werden enttarnt. Ohne die ausdrückliche Erlaubnis des Herzogs darf niemand nach England übersetzen und so musst du wohl oder übel bleiben wo du bist, bis Wilhelm dich zurückschickt.

Weiter bei **142**.

93

Allmählich weicht das flache, bewaldete Terrain den sanften Hügeln von Northumberland. Dein Anwesen ist ganz in der Nähe und du schickst einen Boten voraus, um deine Diener anweisen zu lassen, eine Willkommensfeier vorzubereiten.

Etwa eine Stunde später sitzt du vergnügt an deinem Lieblingsplatz am prasselnden Feuer und erholst dich von den Anstrengungen deiner Reise bei einem großen Humpen des örtlichen Gebräus.

Zwei Tage vergehen und du bist damit beschäftigt, dich um die Angelegenheiten deiner Ländereien zu kümmern, so auch die Schlichtung eines komplizierten Erbschaftsstreites.

Am Abend des dritten Tages erreicht ein Bote dein Anwesen.

Er kommt von Graf Morkere und berichtet, dass Tostigs Flotte erneut gesichtet wurde, diesmal vor der Küste Northumberlands, etwa zwanzig oder dreißig Meilen östlich von hier.

Graf Morkere und sein Bruder, Graf Edwin, planen die Landung Tostigs zu verhindern und erbitten dich um Beistand.

Weiter bei **289**.

94

„Du Narr!", schimpfst du. „Der Feind ist Hårdrade von Norwegen. Er ist kein Normanne!"

„Nichtsdestotrotz", wiederholt der Führer der kleinen Gruppe Huscarls, „denke ich, dass Ihr mit uns hier warten solltet."

Wirst du einwilligen und auf Harold warten (weiter bei **17**) oder wirst du versuchen, deinen Weg fortzusetzen (weiter bei **25**)?

95

Du reitest nach Bosham, wo du den König triffst und bald schon an der Organisierung der Fyrd beteiligt bist. Männer aus allen Winkeln des Landes treffen ein und jeder Gruppe wird ein Abschnitt der Küste zwischen Plymouth und Dover zugeteilt. Während der Nacht sind die Klippen hell vom Feuer der Wachtposten erleuchtet.

Ende April, beginnend mit dem 24., kann man ein helles Leuchten am Himmel sehen – ein wandernder Stern mit einem feurigen Schweif. An manchen Tagen ist er sogar zu sehen, während die Sonne scheint! Es ist ein Omen, so viel ist sicher. Aber was für eine Art Omen?

Weiter bei **238**.

96

Am Morgen des 14. Oktober reitest du mit einigen normannischen Kundschaftern aus Herzog Wilhelms Lager. Als ihr die Senlac-Hügel erreicht – etwa fünf oder sechs Meilen von der Abtei entfernt – erkennt ihr, dass Harolds Armee bereits eingetroffen ist und sich auf dem Hügelkamm formiert.

Wirst du deine Patrouille weiterführen und versuchen herauszufinden, wie viele Angelsachsen es sind (weiter bei **33**) oder wirst du zurückreiten, um Bericht zu erstatten (weiter bei **257**)?

97

Die Wikinger haben dich abgehängt. In der Ferne ist Verstärkung der Normannen eingetroffen, aber nach ihrem langen Marsch von Ricall hierher sind sie zu erschöpft, um etwas zu nützen. Schon bald treiben die vorstürmenden Engländer auch sie in die Flucht. Die Trompeten rufen zum Rückzug.

Wirst du sie ignorieren (weiter bei **65**) oder dich Harold anschließen (weiter bei **54**)?

98

Die Meldungen des Kundschafters sind ernst. Er bestätigt, dass Scarborough bis auf die Grundfesten niedergebrannt wurde und dass Harald Hårdrade den Humber hinauf gesegelt ist und die Stadt York angegriffen hat.
Die Wikinger haben den Kampf gewonnen und es steht zu befürchten, dass York sich den Eindringlingen bereits ergeben hat. Außerdem gibt es einige Gerüchte, dass die Grafen Edwin und Morkere bei der Verteidigung der Stadt in einem Kampf bei Fulford gefallen sind.

König Harold schaut grimmig drein, während er den Berichten lauscht.

„Ich will, dass auf der Stelle weitere Kundschafter entsandt werden", sagt er. „Ich brauche mehr Informationen über die Größe von Hårdrades Heer und ob es stimmt, dass er York erobert hat. Was den Rest von uns angeht... wir marschieren bei Sonnenaufgang!"

Du verlässt das Zelt des Königs und hast nun wieder einmal die Wahl. Wirst du dich den Kundschaftern anschließen (weiter bei **138**) oder beim König und dem Haupteer bleiben (weiter bei **90**)?

99

Der Kampf der Infanterie tobt heftig, aber nach und nach werden die Normannen zurückgeschlagen. Der Boden ist über und über mit Sterbenden und Toten bedeckt, aber die Reihe der angelsächsischen Huscarls ist noch intakt.

Da seine Infanterie in Trümmern liegt, schickt Wilhelm seine Kavallerie voran. Wirst du auf dein Pferd steigen und mit ihnen reiten (weiter bei **208**) oder bei Wilhelm bleiben (weiter bei **187**)?

100

FitzWimark übergibt dir eine Nachricht und mal wieder reitest du nach Pevensey. Der Gedanke daran, was der König sagen wird, wenn er erfährt was du getan hast, beschäftigt dich sehr, aber du kannst einem Landsmann nun einmal keine Bitte abschlagen.

Dein Ritt verläuft ereignislos und so erreichst du am Morgen des 8. Oktober die Abtei von Fécamp in der Nähe von Pevensey. Eine kleine Gruppe bretonischer Reiter eskortiert dich zum Herzog und alles was du siehst, deutet darauf hin, dass Wilhelm vorhat sich Harold mit allem, was er aufbringen kann, entgegenzustellen.

Als du die Nachricht überbringst berichtest du Wilhelm von Harolds Sieg an der Stamford-Brücke und er dankt dir überschwenglich, dass du die riskante Reise von London zu ihm gewagt hast.

„Zu Eurer eigenen Sicherheit müsst Ihr Euch nun entscheiden, ob Ihr alles auf mich setzen wollt oder nicht. Wenn Ihr nicht hier bleiben wollt, solltet Ihr unverzüglich von hier verschwinden."

Wirst du bei Wilhelm in Fécamp bleiben (weiter bei **59**) oder sofort nach London zurückkehren (weiter bei **23**)?

101
Dein Reittier scheut als der Todesstoß niedergeht und du ins Gras fällst. Der Boden ist hart und unnachgiebig, als dein Gegner sich vorbeugt, um dir den Gnadenstoß zu geben.

Dein Abenteuer ist hier zu Ende.

102
Jede Minute kommen weitere Bauern hinzu und du befürchtest, dass du eingekesselt wirst, wenn du weiterkämpfst. Du rufst deine Männer und kehrst um zu Wilhelms Stellung.

Weiter bei **257**.

103
Ein Trupp normannischer Ritter ist etwas weiter vorn an der Linie durchgebrochen und hält nun auf die Banner des Königs zu.

Willst du dich ihnen anschließen (weiter bei **117**) oder zu Wilhelm zurückreiten (weiter bei **85**)?

104

Nach und nach treibt dich die Kraft der Wellen immer weiter und weiter vom Boot weg. Das Gewicht deiner Rüstung macht es schwer, über Wasser zu bleiben. Langsam aber sicher zieht die See dich hinunter.

Dein Abenteuer endet hier, in deinem nassen Grab.

105

Als Harolds Männer die brennende Stadt erreichen, erkennst du, dass Tostig bereits geflohen ist. Die meisten Langboote sind bereits ein gutes Stück draußen auf See.

Harold zügelt sein Pferd und gibt seinen Reitern ein Zeichen, in die Stadt zu reiten und eventuelle Nachzügler zu töten. Er selbst steigt vom Pferd und läuft zur Klippe hinüber. Mit wütendem Zähneknirschen schüttelt er seine Faust dem Feigling Tostig hinterher.

Das Wetter wird bald wieder umschlagen, also entscheidet Harold, wieder nach London zu reiten. Du stimmst bereitwillig zu, ihn zu begleiten.

Weiter bei **168**.

106

Über den Lärm der klirrenden Waffen hinweg erschallt ein Ruf: „Hårdrade ist tot!" Wirst du weiterkämpfen (weiter bei **214**) oder den Rückzug antreten (weiter bei **169**)?

107

Du trägst das eroberte Banner Aelfwigs in vollem Triumph und kannst nun entweder eiligst zu Wilhelm zurück reiten (weiter bei **45**) oder dich einer mutigen Gruppe Ritter anschlie-

ßen, die durch den Schildwall gebrochen sind und sich nun ihren Weg durch das Heer der Bauern dahinter bahnen (weiter bei **5**).

108

Die Engländer leisten weiterhin tapfer Widerstand. Vor dir und hinter dem Gewirr der Kämpfenden weht das Banner von König Harold, in der Brise flatternd. Einige normannische Ritter sind durch die Reihen der angelsächsischen Truppen gebrochen und halten nun auf das Banner zu.

Wirst du dich ihnen anschließen (weiter bei **117**) oder bei Wilhelm bleiben (weiter bei **266**)?

109

Wie durch ein Wunder hast du es geschafft, deine drei Gegner zu bezwingen. Nun sind aber keine anderen normannischen Soldaten mehr auf dem Kamm und du bist im Begriff, eingekesselt zu werden.

Trittst du den Rückzug an (weiter bei **258**) oder kämpfst du weiter (weiter bei **133**)?

110

Graf Harold ist ein guter und weiser Mann. Du kennst ihn bereits seit vielen Jahren und da in der Normandie nichts auf dich wartet, entscheidest du dich, weiterhin in England zu leben und ihm zu dienen. Diese Nachricht wird deine Frau sehr freuen, denn das kleine Anwesen, das dir in Northumberland gehört, ist ihr sehr ans Herz gewachsen.

Am folgenden Tag bist du sowohl bei der Beerdigung des alten wie auch bei der feierlichen Krönung des neuen Königs anwesend.

Du kannst aber nicht anders, als über den Tod des großen Mannes eine Träne zu vergießen, der dir vor Jahren die Hand zur Freundschaft gereicht hat.

Aber das Leben geht weiter und Politiker erweisen den Toten immer nur unzureichend Respekt. Obwohl die Wahl des neuen Königs eigentlich allein in Händen des Witans liegt, ist es dennoch üblich, mit zumindest so vielen Leuten wie möglich darüber zu beratschlagen.

Da die Krönung so schnell vonstatten ging, werden viele der Menschen in Northumberland protestieren und die Entscheidung so lange nicht anerkennen, bis sie in aller Form gefragt wurden.

König Harold kündigt an, sofort nach Norden zu reiten und lädt jeden der es wünscht ein, mit ihm zu kommen. Wirst du mit ihm nach Northumberland reiten (weiter bei **79**) oder in London bleiben (weiter bei **143**)?

111

Dicht an dicht reiten du und deine Kameraden und krachen in den Schutzwall aus Harolds Leibwächtern. Er wird etwas erschüttert, gibt aber nicht nach und schon seht ihr euch einem handfesten Kampf gegenüber.

Der Leibwächter, der dich vom Rest getrennt hat, lacht dich herausfordernd aus und schwingt siegessicher seine zweischneidige Axt, als er auf dich zukommt. Du hast nur dein Schwert, musst dich aber gegen ihn verteidigen.

Harolds Leibwächter
AXT 10   LEBEN 4

Wenn du ihn besiegen kannst, lies weiter bei **154**. Wenn nicht, bei **112**.

112
Die Axt schneidet tief ein, durchtrennt eine Arterie und du fällst zu Boden, während dein Lebensblut aus dir herausspritzt. Deine letzten Gedanken sind bei deiner Frau und deinem kleinen Anwesen in Northumberland, die du nie wiedersehen wirst.

Dein Abenteuer endet hier.

113
Einige, die mit dem König ziehen, schauen mit Abscheu auf dich. Deine Entscheidung mag weise gewesen sein, aber für sie grenzt sie an Feigheit. Nichtsdestotrotz kehrst du nach London zurück und befragst alle Boten genauestens.

Es gibt Nachrichten aus Sandwich: Graf Tostig hat nicht gewartet, bis Harold über ihn herfällt, sondern ist vor der Ankunft des Königs in See gestochen. Harold befindet sich inzwischen auf dem Rückweg nach London.

Bevor er eintrifft, kommt ein weiterer Bote mit der Meldung, dass Tostig wieder gesichtet wurde. Diesmal vor der Insel Thanet. Diejenigen, die in London geblieben sind, bereiten eine Expedition vor. Wirst du mit ihnen nach Thanet gehen (weiter bei **47**) oder auf König Harold warten, der in ein bis zwei Tagen eintreffen wird (weiter bei **87**)?

114
Die Wache kommt in den Audienzsaal des Königs und flüstert Harold etwas ins Ohr, bevor er geht. Als die Tür sich schließt, verbeugst du dich tief vor dem König, aber als du aufblickst, siehst du nur Abscheu in seinem Blick.

„Bestreitet Ihr, dass Ihr Vorbereitungen getroffen habt, um die Stadt zu verlassen?", fragt er direkt und unverblümt.

Du siehst ein, dass es keinen Sinn machen würde, es abzustreiten und gibst zu, dass deine Furcht dich nervös gemacht hat.

„Ich möchte nicht, dass auch nur ein Mann in England mich fürchtet", sagt der König. „Da Euch aber schon die bloße Aufforderung, zu mir zu kommen so in Angst versetzt, werde ich Euch eine Eskorte nach Folkstone geben. Vielleicht wird Herzog Wilhelm mit mehr Freude auf einen Feigling herabsehen."

Es gibt keine Hoffnung auf Versöhnung. Deine überstürzten Handlungen haben für deine Verbannung aus England gesorgt. Weiter bei **231**.

115

Vielleicht erhältst du mehr Informationen, wenn du wenigstens einen angreifst und gefangen nimmst. Du gibst deinen Begleitern ein Zeichen und es gibt ein leises, metallenes Flüstern, als sie ihre Schwerter ziehen. Du nickst und deine Gruppe stürmt zu Pferde den Hügel hinunter und auf die Plünderer zu.

Das Überraschungsmoment ist auf eurer Seite und fünf der Nordländer fallen, ohne zu wissen, wie ihnen geschieht. Die übrigen lassen ihre Säcke mit Beute und Korn fallen und holen ihre Äxte heraus. Du hättest einen erheblichen Nachteil, wenn du vom Pferd aus kämpfen würdest und so springst du mit Leichtigkeit vom Sattel und bereitest dich vor, deinem Gegner entgegen zu treten. Die anderen Kundschafter folgen deinem Beispiel. Du wirst mit deinem Schwert kämpfen.

Nordländer
AXT 8   LEBEN 4

Wenn du deinen Feind besiegen kannst, lies weiter bei **145**. Wenn nicht, bei **112**.

116

„Das werde ich nicht tun", sagt Wilhelm stur. „Wir müssen hier und heute siegen. Ich kann mich nicht auf diese Verstärkungen verlassen; Harold wird die Größe seiner Armee verdoppelt haben, bis sie England erreichen, selbst wenn es nur zwei Tage dauert. Ich verwette die Zukunft meiner Armee auf den Ausgang dieser Schlacht. Wir werden uns nicht zurückziehen, solange ich lebe!"

Du bist enttäuscht, dass Wilhelm deinen Plan abgelehnt hat und befürchtest, dass er dich obendrein auch noch für einen Feigling hält.

Lies weiter bei **193**.

117

Etwa zwanzig normannische Ritter galoppieren in dichter Formation auf König Harolds Banner zu. Du reitest sämtlichen Widerstand zwischen dir und ihnen nieder und vereinigst dich mit ihnen, als sie am Kamm die Kreuzung erreichen.

Weiter bei **111**.

118

Die Verstärkung trifft ein und du führst sie durch die Furt. Grob ein Drittel der Armee folgt dir nun.

Weiter geht es bei **43**.

119

Als ihr beschließt, nach einer Unterkunft zu suchen, fragst du dich, ob der König es geschafft hat, London am selben Tag zu verlassen. Du schickst deinen Pagen wieder die Straße zurück, um zu sehen, wie die Armee vorankommt.

Er soll ein paar Meilen nach Süden reiten, dann umkehren und dir Bericht erstatten.

Weiter bei **46**.

120

Es sind über zwanzig Bauern und sie sind euch daher zahlenmäßig deutlich überlegen. Obwohl du ihnen zurufst, Engländer zu sein, musst du gegen sie kämpfen. Die zwei, die dich angreifen, sehen so aus:

> ***Erster Bauer***
> Axt 7   Leben 4
> ***Zweiter Bauer***
> Mistgabel 6   Leben 4

Sie greifen dich zusammen an und du musst für jeden von ihnen würfeln, wenn du mit deinem Angriff fertig bist.
Nach jeder Kampfrunde (alle haben gewürfelt) darfst du eine Probe auf dein *Glück* machen.

Wenn du Glück hast, lies weiter bei **264**. Ansonsten geht der Kampf solange weiter, bis du oder deine Gegner tot sind. Wenn du verlierst, lies weiter bei **255**. Wenn du gewinnst, bei **167**.

121

Nachdem die Kavallerie den Hügel hinauf gestürmt ist, passiert sie bald die Reihen der Fußsoldaten und kommt am Schildwall aprupt zu einem Halt, wo die Reiter ihre Wurfspeere in die dichtgedrängte Armee der Angelsachsen schleudern.

Die Wirkung dieses Angriffes ist zunächst kaum sichtbar, aber anhand der Zahl der Leichen, die den Hügelkamm säumen, schätzt du, dass vielleicht ein Zehntel der angelsächsischen

Streitmacht vernichtet wurde. Was jedoch klar ist: Die Angreifer werden dieses Mal von deutlich weniger Geschossen getroffen.

Wirst du weiter zusehen (weiter bei **271**) oder zu Wilhelm zurück reiten (weiter bei **186**)?

122
Der Speer dringt tief ein und verwundet dich tödlich. Während du den Schaft hinunterrutschst, laufen die letzten Wochen vor deinen Augen ab. Gibt es etwas, das du hättest anders machen sollen?

Dein Abenteuer ist hier zu Ende.

123
FitzWimark schaut auf dich herab, als du deinen letzten Atemzug tust. „Wenn die Dinge doch nur anders gelaufen wären, Hugh", seufzt er.
Du schaffst es noch, ein letztes Mal zu lächeln, bevor die Dunkelheit dich umhüllt...

Dein Abenteuer endet hier.

124
Am Morgen des 12. Oktober beginnt Harold seinen Marsch von London nach Pevensey. Die Streitmacht, die London verlässt, ist stark. Sie besteht aus mindestens 2000 Huscarls (den persönlichen Leibwachen eines Edlen dieses Landes) und der gleichen Anzahl von Mitgliedern der Fyrd.

Sie ist nicht so groß, wie sie in ein paar Tagen hätte werden können, aber Harold will nicht warten. Als die Armee Caldbeck Hill, in der Nähe von Pevensey, am 13. erreicht, ist sie bereits auf das Doppelte angewachsen, denn die Truppen der örtlichen Thane sind dem Ruf des Königs gefolgt und haben sich euch angeschlossen.

Wirst du hier zusammen mit Harold lagern (weiter bei **139**) oder die Gelegenheit nutzen, um zu Wilhelms Lager überzulaufen (weiter bei **70**)?

125

Du reitest zur Kolonne zurück und erstattest Bericht.

„Wie ich es erhofft hatte", sagt der König. „Die Nordländer rechnen nicht mit uns, sonst würden sie sich kaum die Zeit zum Plündern nehmen. Mit Gottes Hilfe sollten wir sie überraschen können."

Er dankt dir und du schließt dich wieder der Kolonne an.

Lies nun weiter bei **234**.

126

Einer der Normannen – Montford – schlägt nach Harold und verwundet ihn schwer am Bein. Er wankt und geht zu Boden, wo du auf ihn einschlägst während er ohne Schutz ist. Die anderen, unter ihnen Ponthieu, tun es dir gleich und so scheidet der König von England unter einem wahren Hagel von Schlägen dahin.

Ponthieu hackt und schlägt auf ihn ein, selbst nachdem er schon längst tot ist, sticht und zerschneidet diesen einst großen Mann wie ein gemeiner Schlächter. Du reitest auf ihn zu, und beugst dich herunter, um ihm ins Gesicht zu schlagen.

Er hört auf und funkelt dich wütend an, zeigt aber sonst keine Reaktion.

Montford besteigt sein Pferd und macht sich dran, die Überreste des englischen Heeres zu verfolgen, das die Flucht ergreift. Wirst du dich ihm anschließen (weiter bei **297**) oder hier bleiben und auf Wilhelm warten (weiter bei **51**)?

127
Die Truppen zerbrechen vollständig und fangen an, den Hügel hinunter zurück zu rennen. Die normannische Kavallerie stürmt erneut den Hügel herauf um ihren Rückzug zu sichern und widerwillig folgst du den Fußsoldaten.

Weiter bei **121**.

128
Wilhelms Gesichtsausdruck ist voller Abscheu. Er entfernt sich ein Stück von dir, schaut den Hügel hinauf und ruft schließlich nach dem Hauptmann der Bogenschützen.

„Feuert über den Schildwall hinweg in die ungeschützten Bauern hinein", befiehlt er. „Wenn ihr jeden verbliebenen Pfeil verschossen habt, werden wir noch einen Angriff mit jedem Mann unternehmen, den wir haben."
Er dreht sich um, ruft nach seinem Pferd und steigt auf.

Weiter bei **225**.

129
Als du davonreitest, siehst du, dass die normannischen Fußsoldaten es durch die Schlucht geschafft haben. Es gibt ein kurzes Gefecht, bevor die englischen Truppen erneut Fersengeld geben. Du reitest zurück zum Hügelkamm und suchst nach Wilhelm.

Weiter bei **4**.

130

Dein Begleiter Pierre liegt tot hinter dir auf dem Boden und immer mehr Bauern kommen heran.

Versuch dein *Glück*.

Wenn du Erfolg hast, lies weiter bei **135**. Wenn nicht, wirst du von diesen englischen Bauern überwältigt, die ihr Vaterland verteidigen. Sie werden keine Gnade zeigen und dein fremdländisches Blut soll den englischen Boden tränken.

Wenn du bei der Glücksprobe scheiterst, endet dein Abenteuer hier.

131

Die Normannen und die Engländer stehen jetzt durcheinander entlang der Kammlinie. Einige Gruppen der Angelsachsen scharen sich noch um die Banner und Standarten ihrer Führer, aber ihr Schildwall liegt in Trümmern.

Das Blut mehrt sich und das Gras unter den Hufen deines Pferdes ist ganz rutschig gleichermaßen vom Blute der Engländer und Normannen. Wilhelm treibt sein Pferd voran, um einen besseren Überblick zu bekommen und du reitest mit ihm.

Weiter bei **156**.

132

Der Schwertkämpfer hackt wie wild auf deinen Hals ein und du bist nicht dazu in der Lage, den Hieb zu parieren. Du stürzt zu Boden und hast kaum Zeit, den Schmerz zu spüren, bevor die Dunkelheit dich ein für alle Mal umfängt...

Dein Abenteuer ist hier zu Ende.

133
Obwohl du immer noch beritten bist, kannst du die Angriffe deines Gegners nicht ewig abwehren. Eine Hand packt dich am Bein und du wirst vom Sattel gezogen.

Du musst eine *Schnelligkeitsprobe* machen, um sicher zu landen.

Bei einem Erfolg lies weiter bei **283**.

Wenn du scheiterst, lies weiter bei **66**.

134
Die Truppen fangen an, sich um dich herum zu sammeln, obwohl sie immer noch nicht willens sind, den starken Schildwall direkt anzugreifen. Du siehst ein, dass es das Beste ist, sie nicht vorzuschicken, sondern den geordneten Rückzug anzutreten. Langsam lassen sie sich zurückfallen.

Weiter bei **121**.

135
Endlich kannst du dir über den Kampfeslärm hinweg Gehör verschaffen.
„Ich stehe treu zu Harold!", rufst du.
Nach und nach ziehen sich die Bauern zurück, sichtlich verwirrt durch deine Aussage. Sofort tritt ein großer, breitschultriger Mann hervor.

„Ihr seid also dem König ergeben, he?", fragt er.
„So ist es", antwortest du.
„Aber Ihr seid ein Normanne. Wir haben Befehl, jeden von Eurer Sorte zu überfallen", beharrt er.
„Ich bin im Auftrag des Königs unterwegs und habe selbst ein Anwesen in Northumberland."

Die Bauern scheinen zufriedengestellt, und trotz der Todesopfer unter ihnen hegen sie keinen großen Groll gegen dich.

Du entscheidest dich ohne weitere Verzögerungen deine Reise fortzusetzen und machst dich auf zu Abschnitt **93**.

136

Das ist DIE Chance nach England zurückzukehren, aber Wilhelm ist ein schlauer Fuchs.

Wenn du das Ganze für eine Falle hältst und in der Normandie bleiben willst, lies weiter bei **235**.

Wenn du die Gelegenheit nutzen und nach England zurückreisen möchtest, geht es weiter bei **245**.

137

Du bist neugierig, was FitzWimark zu sagen hat und so folgst du dem Boten zur Unterkunft seines Herren. Er empfängt dich herzlich und erwähnt, dass er von deiner Absicht gehört hat, die Normandie zu besuchen.

Als du das bestätigst, lacht er und klopft dir auf den Rücken.

„Dann gebe ich Euch diese Nachricht für Herzog Wilhelm", sagt er. „Mit besten Grüßen und, wenn Ihr wollt, lege ich ein gutes Wort für Euch ein."

Du siehst keinen Grund abzulehnen, also stimmst du zu und er übergibt dir zwei Kuverts, beide mit seinem Siegel versehen und an Herzog Wilhelm adressiert.

Er wünscht dir eine sichere Reise und geleitet dich hinaus.

Weiter geht es bei **222**.

138

Du schüttelst die Müdigkeit, die dir in den Knochen steckt, von deinem Geist ab und reitest mit den Kundschaftern die Nordstraße entlang. Im Morgengrauen seid ihr etwa zwanzig oder dreißig Meilen südlich von York und als sich die Sonne allmählich über den wogenden Hügel Northumberlands erhebt, stoßt ihr auf die ersten Überlebenden der Schlacht bei Fulford.

Müde trotten sie einzeln oder in Zweiergruppen die Straße hinunter, wobei die Unverletzten ihre zerschundenen Kameraden abstützen.

Du befragst einige und erfährst, dass Edwin und Morkere zwar besiegt wurden, es aber geschafft haben, zu entkommen und sich nach York zu retten. Hårdrades Schiffe liegen bei Ricall, flussabwärts von York und er fordert Geiseln von der Stadt.

Scarborough ist definitiv zerstört, aber so sehr du dich auch bemühst, findest du keinen, der etwas von deinem Anwesen weiß und dir sagen kann, was damit geschehen ist.

Enttäuscht reitest du weiter, allerdings mit gesteigerter Vorsicht, da du im Begriff bist, feindlich kontrolliertes Gebiet zu betreten.

Als ihr einen Kamm erreicht, über den die Straße führt, kannst du in der flachen Senke dahinter eine Gruppe Fremder entdecken.

Du siehst genauer hin und anhand ihrer seltsamen Sprache und ihrer fremdartigen Kleidung erkennst du, was sie sind – nordische Plünderer. Es sind vielleicht zehn von ihnen und deine Gruppe ist nur halb so groß.

Wirst du diese Eindringlinge angreifen (weiter bei **115**) oder werdet ihr euch leise zurückziehen und dem König Bericht erstatten (weiter bei **125**)?

139
Ihr brecht das Lager noch vor Sonnenaufgang ab und Harold gibt Befehl, dass sich die Armee auf Senlac Hill – einem niedrigen Kamm, der die Straße von Hastings nach London durchbricht – formieren soll, knapp sieben Meilen vor Wilhelms Lager an der Abtei von Fécamp.

Die Armee ist noch dabei, Stellung zu beziehen, als bereits die Normannen in Sichtweite kommen. Sie folgen der Straße von der Abtei her und formieren sich am Fuß des Hügels. Das ist deine letzte Chance, die Seiten zu wechseln, wenn du möchtest.

Wenn du bei Harold bleiben möchtest, lies weiter bei **243**. Wenn du sehen willst, ob Wilhelm dich in seine Reihen aufnimmt, lies weiter bei **210**.

140
„Mein Herr, ich muss mich dem verweigern", sagst du. „Ich habe dem englischen Thron die Lehnstreue geschworen."

Wilhelm lacht.

„Aber davor habt Ihr mir den Schwur geleistet!", stellt er fest. Er betastet das Heft seines Schwertes und seine Stimme wird ernster.

„Ich brauche Euch dringend", fährt er fort. „So dringend, dass ich es Euch nicht erlauben kann, abzulehnen. Vergesst nicht, dass Euer Bruder durch meine Gnade noch Ländereien besitzt. Es wäre doch zu schade, wenn er diese verlieren würde... oder seinen Kopf."

Du siehst ein, dass du leider keine andere Wahl hast, als zuzustimmen, ganz gleich ob du es zum jetzigen Zeitpunkt ehrlich meinst oder nicht.

Nachdem du ja gesagt hast, wie es von dir erwartet wird, gibt er Befehl, ein Schiff vorbereiten zu lassen und weist dich an, ihm regelmäßig Bericht zu erstatten, durch Briefe, die du zum Schein an deinen Bruder adressierst. Dann entlässt er dich mit einem bösen Grinsen im Gesicht.

Es ärgert dich, dass Wilhelm dir keine Zeit gelassen hat, deinen Bruder und deine Familie zu besuchen, aber zu protestieren hätte ohnehin keinen Zweck gehabt.

Nach einer ereignislosen Reise stehst du schon bald wieder auf den Quais von Folkestone. Es ist an der Zeit, deine Loyalität zu klären. Bist du König Harold wahrhaft ergeben (weiter bei **295**) oder bist du eher ein „praktischer" Mann und willst dein Glück auf Herzog Wilhelm setzen (weiter bei **86**)?

141
Du ignorierst die Panik um dich herum und drehst dich um, nur um zu sehen, dass die Lücke, die der Tod deines Feindes hinterlassen hat, von zwei Huscarls ausgefüllt wurde. Getrieben vom Eifer, ihren toten Kameraden zu rächen, fallen sie über dich her.

Erster Huscarl
AXT 6   LEBEN 3
Zweiter Huscarl
AXT 7   LEBEN 4

Wenn du gewinnst, lies weiter bei **48**. Wenn du jedoch verlierst, geht's ab zur **112**.

142
Mitte April trifft die Nachricht ein, dass die Schiffe bald fertig sind, um in See zu stechen. Die Vorbereitungen kommen immer schneller voran, die Soldaten werden hart gedrillt und

Mitglieder der Kavallerie durchkämmen das Herzogtum nach passenden Reittieren.

Früh am Morgen trifft ein Trupp Reiter ein, um dich zu sehen. Der Sergeant des Trupps grüßt dich und teilt dir mit, dass Herzog Wilhelm von dir wünscht, die Reiter zu seinem Palast bei Rouen zu begleiten.

Du hängst dir einen Umhang um die Schultern und rufst nach deinem Pferd, um ihnen zu folgen. Die kurze Reise dient einzig dem Zweck, deine Vermutungen über Wilhelms Absicht, den Thron von England zu beanspruchen, zu bestätigen. Das Palastgelände ist voller Leben. Überall klirren Schwerter, krachen Schilde und Speere in Übergangslagern und an jedem Baum sind Pferde angebunden, mehr als du jemals zusammen an einem Ort gesehen hast.

Als du schließlich den Palast erreichst, wirst du sofort von einer Palastwache in Empfang genommen und hineingeführt. Die einst leeren Hallen und Gänge sind jetzt voll von Edelmännern, die tief in Diskussionen versunken sind.

Der Audienzsaal des Herzogs liegt vor euch und als dein Führer an die Tür klopft, hörst du, wie jemand barsch „herein" antwortet. Der Herzog ist alleine und steht über eine bebilderte Karte von England gebeugt.

„Bald sind wir bereit, aufzubrechen, mein Freund", verkündet er stolz.

Du nickst zustimmend, während du den Raum durchquerst und dich vor ihm verbeugst.
„Wollt Ihr hier bei mir bleiben oder werdet Ihr für mich einen letzten Auftrag in England übernehmen?", fragt er dich.

Wirst du nach England zurückkehren (weiter bei **136**) oder möchtest du lieber in der Normandie bleiben (weiter bei **3**)?

143

Das Wetter ist nach deiner Meinung nach zu schlecht, um nach Northumberland zu reisen und so beschließt du, in London zu bleiben. Es treffen Boten ein mit der Meldung, dass der König bei deinem Anwesen Rast gemacht hat, doch dann bleibt es lange ruhig.

Schließlich erreicht dich die Nachricht, dass die Bevölkerung im Norden des Landes Harold mit Freuden als ihren König angenommen hat. Der König bleibt noch einige Tage in Northumberland, bevor er nach London zurückkehrt.

Weiter bei **213**.

144

Dein Pferd stürmt rasend schnell vorwärts, aber die Senke ist zu breit. Seine Vorderbeine streifen gerade so die Außenkante der Grube, so dass du mit Gewalt von seinem Rücken fliegst. Du stürzt kopfüber in die Tiefe und brichst dir bei der Landung das Genick, wie schon so viele andere mutige normannische Ritter vor dir.

Der Schmerz dauert nur kurz an, als die Dunkelheit dich befällt. Du hast tapfer gekämpft, aber einfach zu viel riskiert.

Dein Abenteuer endet hier.

145

Keiner der Wikinger überlebt. Obwohl deine Kameraden ihnen zurufen, sich zu ergeben, kämpfen sie bis zum letzten Mann und gehen tapfer in den Tod. Du steigst wieder auf dein Pferd und beschließt, Harold hiervon zu berichten.

Die Kolonne schlägt gerade ihr Nachtlager auf als du eintriffst und mal wieder bist du erstaunt, wie weit sie an einem Tag gekommen ist. Sie richten sich gerade auf die Nacht ein, kaum zehn Meilen südlich von Tadcaster.

Nachdem du Harold berichtet hast, was ihr erfahren habt, wankst du auf müden Beinen zum nächsten freien Fleck auf dem Boden. Dort wickelst du dich fest in deinen Umhang ein und schläfst den Schlaf der Erschöpften.

Weiter bei **234**.

146

Ein Huscarl, einer der professionell ausgebildeten angelsächsischen Soldaten, klettert das Flussufer hinunter und von dort weiter zu den Pfeilern der Brücke. Der Nordländer ist mit den Engländern zu beschäftigt, um ihn zu bemerken.

Ein rascher Schwertstoß durch die Holzplanken der Brücke beendet sein Leben aprupt und die Angelsachsen stürmen bei seinem Tod mit Triumphgeschrei vorwärts.

Weiter bei **299**.

147

Wilhelm nimmt gnädig die Kapitulation der Stadt an, aber er wird sie nicht betreten, bevor das hölzerne Fort auf Tower Hill fertig ist. Nachdem man seine Autorität in der Stadt anerkannt hat, trifft er sich mit den Witan und beschließt mit ihnen das Datum seiner Krönung.

Die Wahl fällt auf den ersten Weihnachtsfeiertag 1066.

Der große Tag ist da und eine gewaltige Menschenmenge versammelt sich in der Abtei von Westminster. Da Wilhelm kein Engländer durch Blut ist, wurde entschieden, dass neben den Witan auch das Volk ihn zum König erklären muss und so fragen die Bischöfe die Versammelten, sowohl in Französisch als auch in Englisch, nach ihrer Meinung. Die Menge jubelt voller Zustimmung.

Weiter bei **229**.

148

Völlig außer Atem bleibt dir keine Zeit, auf den Mann zu schauen, den du gerade getötet hast, denn ein Schwertkämpfer kommt schnell auf dich zu. Als du dein eigenes Schwert ziehst, erkennst du sein Gesicht wieder. Es ist Herzog Copsi, der Verräter der sich mit Tostig verbündet hat!

Copsi ist ein erfahrener Kämpfer und du wirst dein ganzes Können aufwenden müssen, um ihn zu besiegen.

Herzog Copsi
SCHWERTKAMPF 9   LEBEN 3

Wenn du gewinnst, lies weiter bei **32**. Wenn du verlierst, lies weiter bei **132**.

149

Die Hauer des Wildschweins dringen tief in dein Fleisch ein und du wirst durch seinen Ansturm wie ein Spielzeug zur Seite geschleudert. Einige Knochen sind gebrochen und Muskeln wurden durch den wilden Angriff der Bestie durchtrennt und so lässt du auf dem feuchten Gras deinen letzten Atemzug.

Dein Abenteuer ist hier zu Ende.

150

Ein kurzer Sprung bringt dich bis an die Stützen der Brücke. Der Nordländer steht direkt über dir; jeder Hieb seiner Axt kostet einen weiteren Engländer das Leben. Du stößt dein

Schwert durch eine Lücke zwischen den Holzplanken der Brücke und triffst ihn. Die Klinge dringt tief ein und er fällt tot zu Boden. Du kletterst wieder auf die Brücke und führst die Angelsachsen hinüber.

Weiter bei **299**.

151

Die Streitmacht der Normannen formiert sich am Fuße des Hügels. Die normannischen Truppen postieren sich im Zentrum der Linie, mit Wilhelms französischen Verbündeten zur Linken und den Bretonen auf der rechten Seite.

Die Angelsachsen errichten einen soliden Wall aus ihren Schilden und ihre funkelnden Speere säumen den Hügelkamm. Die gesamte Frontlinie besteht ausschließlich aus Huscarls, Harolds Berufssoldaten.

Wilhelm schickt seine Bogenschützen vor und sie feuern einen ganzen Schwarm von Geschossen in die englischen Reihen. Nach wenigen Minuten sind ihre Köcher leer und es scheint, als hätte der Angriff nur eine kleine Auswirkung auf die angelsächsische Streitmacht gehabt.

Der Herzog ruft seine Bogenschützen zurück und lässt die normannischen Fußsoldaten vorrücken.

Du sitzt immer noch auf deinem Pferd und hast nun die Wahl, dich dem Angriff anzuschließen (weiter bei **209**) oder bei Wilhelm zu warten (weiter bei **99**).

152

Mit dir reiten noch fünf weitere Männer. Es sind nur ein Dutzend Bauern, und sie sind spärlich bewaffnet im Vergleich zu der normannischen Kavallerie auf deiner Seite.

Deine fünf Männer werden sich um je zwei der Feinde kümmern, so dass für dich ebenfalls zwei Gegner zu bekämpfen sind. Du kennst die Fähigkeiten deiner Gefährten und weißt, dass sie siegreich sein werden.

Da ihr beritten seid und eure Gegner nicht, darfst du zu deinem Schwertkampfwert eins dazu zählen.

Erster Bauer
SPEER 4   LEBEN 2
Zweiter Bauer
AXT 6   LEBEN 2

Wenn du beide Bauern tötest, lies weiter bei **91**. Wenn du den Kampf abbrechen willst, lies weiter bei **102**. Wirst du besiegt, geht es ab zur **192**.

153
Du spürst einen stechenden Schmerz, als dein Gegner deine Verteidigung durchbricht und dir den Todesstoß versetzt. Während dein Blick sich verschleiert und die Welt um dich herum in Finsternis versinkt, fragst du dich, ob die Geschichte zeigen wird, dass deine Seite die der Sieger war.

Dein Abenteuer jedoch endet hier.

154
Als dein Gegner schließlich fällt, siehst du dich um und musst erschrocken feststellen, dass nur vier deiner Begleiter noch am Leben sind. Aber dafür sind auch fast alle Angelsachsen tot. Harold kämpft gegen die anderen vier um sein Leben.

Wirst du dich ihrem Angriff gegen den Mann anschließen, der einst dein Freund war (weiter bei **126**) oder dich abseits halten und zusehen (weiter bei **279**)?

155

Als der zweite Nordländer fällt, schließen sich dir einige Angelsachsen an. Tostig steht nun keine zehn Meter entfernt und sein Leibwächter ist fort. Er ist allein.

Wirst du dich in den Kampf gegen ihn stürzen (weiter bei **220**) oder ihn den anderen englischen Kriegern überlassen (weiter bei **22**)?

156

Wilhelm lenkt seine Truppen durch die Lücken der angelsächsischen Frontreihe. Wirst du bei ihm bleiben, um den Fortschritt der Schlacht zu beobachten oder das tun, wofür du ausgebildet wurdest – kämpfen!

Wenn du bei Wilhelm bleibst, lies weiter bei **108**. Wenn du dich aber der Kavallerie anschließen willst, lies weiter bei **49**.

157

Die Bevölkerung Yorks empfängt den König mit frohen und zugleich erstaunten Rufen. Er bemerkt das jedoch kaum, da er sich direkt zum Treffen mit den Führern der Stadt aufmacht. Du steigst von deinem Pferd ab und folgst ihm, voller Neugier und der Hoffnung, mehr über die Lage zu erfahren.

Der König verschwendet keine Zeit mit Vorwürfen. Die Berichte der Stadtoberhäupter tut er mit einem Nicken ab und fragt sofort nach einer Karte, als sie ihm von Hårdrades letzten Bewegungen erzählen.

Es scheint ganz so, als würde Hårdrade, dieser gerissene, alte Wikinger, die Kapitulation Yorks nicht einfach so akzeptieren. Nicht, ohne dass er noch weitere Forderungen stellt. Er verlangt ganze fünfhundert Geiseln, und darunter nicht nur Stadtbewohner, sondern auch Leute aus der umliegenden Graf-

schaft. Für die Aushändigung der Geiseln und die Kapitulation der Stadt hat er ein Ultimatum gestellt, das bis morgen – den 25. September – gilt. Der Ort der Geiselübergabe soll die Stamford-Brücke sein, bei einem kleinen Dorf etwa zehn Meilen östlich von York, an den Ufern des Derwent.

Harold lacht heiser.

„Hah! Wir werden ihm mehr als fünfhundert Männer stellen,", sagt er, „denn wenn er nicht auf der Stelle seine Schiffe nimmt und von hier verschwindet, werde ich ihm fünftausend Geiseln bieten. Er braucht sie sich nur zu holen!"

Die Anwesenheit des Königs hat eine ganz und gar fantastische Wirkung auf das Volk von York. Besiegt und niedergeschlagen hatten sie angefangen, sich mit Hårdrades Forderungen abzufinden. Doch jetzt, da der König da ist, rüsten sie sich alle ein weiteres Mal für den Kampf für ihr Land und ihren König.

In der Nacht lässt Harold Wachen auf der Stadtmauer postieren und auf allen Straßen, die aus der Stadt hinausführen. Soweit du erkennen kannst, denkt Hårdrade sicherlich, dass der König noch in London ist.

Das erste Mal seit Tagen schläfst du wieder in einem richtigen Bett und bist schon bald völlig weggetreten. Du machst dir keine Sorgen über den folgenden Tag, so sehr bewunderst du Harold.

Weiter bei **78**.

158
Harold und ein kleiner Trupp Soldaten reiten auf den Schildwall der Nordländer zu. Tostig tritt hervor und außer Hörweite ihrer Soldaten reden die beiden miteinander.

Plötzlich endet das Gespräch und Harold reitet zurück. Die Verhandlungen müssen gescheitert sein.

Lies weiter bei **233**.

159
Als du auf den Boden fällst, kommt dein Widersacher auf dich zu und tritt die Klinge außer Reichweite deiner zittrigen Finger. Das Letzte was du siehst ist sein grimmiger Blick, als er dir den Gnadenstoß gibt.

Dein Abenteuer endet hier.

160
Nachdem du mit dem Schiff zurück nach England gereist bist, gehst du sofort zum König und berichtest ihm von deinen Entdeckungen. Er bedankt sich bei dir und als du ihn verlässt, erscheint er dir sehr ernst und nachdenklich. Wie wird er wohl reagieren?

Weiter bei **267**.

161
Nach zwei Tagen erreicht dich die Meldung, dass Edwin und Morkere beim Versuch, die Landung zu verhindern, gescheitert sind. Du wünschst du wärest dort gewesen, schließlich wurdest du zum Kampf ausgebildet, seitdem du ein Junge warst.

Der Bote, der dir die Nachricht gebracht hat, will als nächstes nach London. Wirst du dich ihm anschließen, jetzt, wo deine Angelegenheiten in Northumberland geregelt sind (weiter bei **72**)? Oder wirst du noch etwas länger bleiben (weiter bei **177**)?

162

Du hast keine Zeit zu verlieren! Du ignorierst seine Worte und gibst deinem Pferd die Sporen. Fast im selben Moment hörst du Hufschläge hinter dir. Sie folgen dir und dir drängt sich sofort ein Verdacht auf. Sind sie vielleicht Spione von Hårdrade oder sogar Wilhelm persönlich? Vielleicht sollen sie dich töten und gar nicht zum König bringen?

Allzu bald schon dröhnen die Hufschläge laut in deinen Ohren und dir wird klar, dass dein müdes Pferd sie nicht wird abschütteln können. Als du nach hinten schaust, siehst du, dass sie ihre Waffen gezogen haben. Du ziehst dein Schwert, schwenkst dein Pferd herum und bereitest dich auf den Kampf vor.

Für den Kampf zu Pferde musst du jede Kampfrunde einen Wurf auf *Reiten* ablegen (bevor die Würfel für die einzelnen Kämpfer fallen). Wenn du scheiterst, kannst du in dieser Runde nicht angreifen. Du musst den Kampf dann zu Fuß weiter führen, wobei deine Gegner durch den Reiter-Vorteil zu ihrem Angriffswurf einen Bonus von 1 erhalten.

Erster Huscarl
Axt 8   Leben 3
Zweiter Huscarl
Schwert 7   Leben 3
Dritter Huscarl
Schwert 8   Leben 3

Sie werden eine Kapitulation nicht annehmen und so musst du bis zum Tod gegen sie kämpfen. Wenn du gewinnst, lies weiter bei **68**. Wenn du aber verlierst, lies weiter bei **163**.

163

Die Klinge deines Feindes schneidet tief in dein Fleisch und während dein Leben langsam verebbt, fragst du dich, wem wirklich deine Treue galt.

Harold, dem rechtmäßigen König von ganz England? Oder deinem Lehnsherrn nach altem Brauch, Wilhelm von der Normandie?

Dein Abenteuer endet hier.

164

Obwohl du so schnell rennst wie du nur kannst, ist es offensichtlich, dass die Flamen landen werden, bevor du ankommst. Du ziehst dein Schwert, während die rachsüchtigen Northumberländer dich mitreißen.

Plötzlich steht ein flämischer Speerträger direkt vor dir. Du musst gegen ihn kämpfen.

Flämischer Speerträger
Speer 8   Leben 3

Wenn du gewinnst, lies weiter bei **148**. Wenn nicht, bei **122**.

165

Obwohl du deinen Gegner besiegt hast, siehst du, dass die Schlacht nirgendwo hinführt. Beim Blick über deine Schulter erkennst du, dass die Kavallerie noch einmal vorstößt um den Rückzug zu sichern und so ziehst du dich langsam mit den anderen Fußsoldaten zurück.

Weiter bei **121**.

166

Die Kavallerie dringt durch die unbewaffneten Angelsachsen vor wie ein Schwert durch Papier. Plötzlich erkennst du zwei der feindlichen Anführer: Gyrth und Leofwine, die Brüder des

Königs. Zwei Reiter deiner Einheit greifen bereits Gyrth an und so reißt du die Zügel herum und stürmst auf Leofwine zu. Er steht bereit und wartet auf dich.

Leofwine
SCHWERT 10   LEBEN 4

Wenn du ihn besiegen kannst, lies weiter bei **35**. Wenn du aber scheiterst, lies weiter bei **132**.

167

Als du von den Leichen deiner Feinde aufblickst, siehst du, dass deine Gruppe gesiegt hat. Überall auf der Straße liegen Tote, darunter auch drei deiner Begleiter.

Du kannst nicht anders als zu bemerken, wie sinnlos dieser Kampf war. Er steht aber auch stellvertretend für die Spannungen dieser Tage. Jeder Engländer ist bereit, sich den normannischen Invasoren in den Weg zu stellen.

Weiter bei **182**.

168

Es scheint, als würde deine Anwesenheit überall erwünscht! Als du in die Stadt zurückkehrst, wartet bereits ein weiterer Bote auf dich und teilt dir mit, dass du auf deinem Anwesen in Northumberland gebraucht wirst.

Du hast deinen Lehnsleuten gegenüber nun einmal auch Verpflichtungen und so kannst du ihre Bitte um Hilfe unmöglich ablehnen. Du berichtest deiner Frau davon und sie fragt dich, ob du sie mitnimmst, da sie die Stadt allmählich satt hat.

Nimmst du deine Frau mit (weiter bei **55**) oder wirst du alleine und schneller reisen (weiter bei **250**)?

169
Die beiden Armeen trennen sich und erneut reitet Harold voraus um mit Tostig zu sprechen.

Tostig weigert sich aufzugeben und widerstrebend kehrt Wilhelm zu seinen Männern zurück, um einen weiteren Angriff zu organisieren. Wirst dich dem Angriff anschließen (weiter bei **12**) oder mit Harold warten (weiter bei **77**)?

170
Der Huscarl, auf den du gezielt hattest, sinkt mit dem Speer in seinem Bauch zu Boden.

Wirst du weiter vorstürmen, um den Schildwall anzugreifen (weiter bei **248**) oder dich zurückziehen und zu Wilhelm zurückkehren (weiter bei **89**)?

171
Die Kavallerie pflügt durch die Reihen der Engländer und trotz des Tumultes kannst du sehen, wie die Standarte von Gyrth, Harolds Bruder, zu Boden fällt.

Plötzlich wird dir klar, dass du hier nicht einfach gegen politische Feinde kämpfst, sondern gegen Männer, mit denen du geredet und gegessen und unter denen du viele Jahre lang gelebt hast. Du betrauerst Gyrths Tod als die Kavallerie kehrtmacht und den blutigen Hang hinunter donnert, nichts als Leichen zurücklassend.

Weiter bei **35**.

172
Du steigst auf dein Pferd und reitest im leichten Galopp die Kolonne entlang, bis du zum König aufgeschlossen hast.

„Ich sehe Euch dann in York", rufst du, bevor du eilig deine Hacken in dein Pferd schlägst.

Es sind noch einige Sonnenstunden übrig und schon bald ist die Kolonne hinter dir außer Sichtweite. Als du in der Abenddämmerung die Spitze eines Hügels erreichst, erkennst du drei Reiter ein Stück vor dir am Straßenrand. Als du sie erreichst, hältst du an und sagst ihnen, dass Harold kommt. Sie nicken, aber der Anführer betrachtet dich misstrauisch.

„Warum reist Ihr dann nicht mit dem König?", fragt er.
Du erklärst, dass dir einige Ländereien in Northumberland gehören und du so schnell wie möglich dorthin musst.
Er schüttelt den Kopf.
„Ich will verdammt sein, wenn Ihr keinen normannischen Akzent habt", sagt er.
„Ich denke, Ihr solltet besser hier bleiben und auf den König warten, anstatt nach Norden zu reiten und dem Feind zu verraten, dass wir unterwegs sind."

Wirst du bleiben, um mit diesem misstrauischen Kerl zu reden (weiter bei **94**) oder wirst du ihn ignorieren und weiterreiten (weiter bei **162**)?

173

Die Nordländer liegen tot vor dir, aber eine weitere Bewegung in den Büschen erregt erneut deine Aufmerksamkeit. Als der Kopf eines Pferdes durch die Blätter zum Vorschein kommt und sich fragend umsieht, musst du lächeln und näherst dich ihm vorsichtig.

Du steigst auf das Pferd und reitest zurück zum Schlachtfeld, während du dir deinen Weg durch die Leichen am Boden suchst. Harold steht ein paar hundert Meter entfernt.

Weiter bei **18**.

174

Als du in Bosham ankommst, siehst du sofort, dass Harold viele der südlichen Anführer und ihre Truppen bereits hierher geführt hat. Überall sind Soldaten und die ganze Umgebung ist mit Lagern übersät.

Harold hat die Anweisung hinterlassen, dass du sofort nach deiner Ankunft zu ihm gebracht werden sollst. Der König ist damit beschäftigt, die örtliche Fyrd zu organisieren und mit seinen Beratern über verschiedene Strategien zu diskutieren.
„DeBouard! Kommt doch herein. Gentlemen, dieser Mann ist ein guter Freund eures Königs und England treu ergeben. Wir sollten ihn um seine Meinung bitten, was er denn von der normannischen Armee und ihrer Führung hält", sagt er.

Zögernd bietest du deinen Rat an. Du berichtest ihnen von Wilhelms Vorliebe für die Kriegsführung durch eine Kavallerie und seinen Schwierigkeiten in der Normandie. Du vermutest, dass er versuchen wird, eine Schlacht zu Beginn des Feldzuges zu vermeiden und dass er von Natur aus eher vorsichtig agieren wird.

Der König und seine Berater hören dir aufmerksam zu und nicken oder schütteln mit den Köpfen, je nachdem ob deine Vermutungen ihre eigenen Theorien unterstützen oder ihnen widersprechen.

Schließlich bist du fertig und der König dankt dir und entlässt dich.

Du reitest weiter nach Arundel. Auf deinem Weg passierst du viele verkommene Dörfer, in denen sich nicht ein einziger Mann im Kampfesalter findet. In Arundel ist die Heerschau und mehrere hundert Männer warten dort auf Befehle.

Schon bald übernimmst du das Kommando und beginnst mit dem Drill deiner spärlich bewaffneten Einheit, die meisten von der Fyrd, die lieber ihre Felder bestellen würden. Fast alle denken, es sei sinnlos, auf einen Feind zu warten, der vielleicht nicht einmal kommt.

Die Tage streichen dahin und sind für dich Routine, während dein Geist umherwandert und du an deine Frau und dein Zuhause weit weg im Norden des Landes denken musst. So vergeht der ganze August und es gibt weder Neuigkeiten noch neue Befehle.

Weiter bei **215**.

175

Da du es vorziehst, so wenig Zeit wie möglich auf See zu verbringen, setzt du an Bord des Bootes nach Boulogne über. Die Überfahrt ist schnell und dauert weniger als einen Tag. Als du in Boulogne gelandet bist und gerade für den langen Ritt nach Süden auf dein Pferd steigen willst, bemerkst du eine Gruppe flämischer Soldaten am Dock. Ihr Hauptmann kommt geradewegs auf dich zu.

„Seid Ihr ein Normanne?", fragt er dich.
Dir wird klar, dass er dein Emblem erkannt haben muss – einen goldenen Streifen auf blauem Grund, der deine normannische Abstammung ausweist – und bestätigst stolz seine Frage.

„Gut,", sagt er und grinst bösartig, „dann werdet Ihr ja ein hervorragendes Lösegeld von Herzog Wilhelm einbringen. Steigt von Eurem Pferd und befehlt Euren Männern sich zu ergeben."

Du weißt, dass er es ernst meint. Wirst du dich kampflos ergeben (weiter bei **69**) oder wirst du versuchen dir den Weg freizukämpfen und über die Grenze zu fliehen, etwa sechs oder sieben Stunden von hier entfernt (weiter bei **82**)?

176

Als dich der Todesstoß trifft, fällst du haltlos vom Pferd. Der Boden rast auf dich zu, um dich mit kalten, unerbittlichen Armen zu umschließen.

Dein Abenteuer ist hier zu Ende.

177

Ein Bote trifft ein, mit der Nachricht, dass Harold sich darauf vorbereitet, sich der erwarteten Invasion von Herzog Wilhelm zu stellen. Du hast nun keine andere Wahl, als rasch nach London zu reiten und ihm deine Dienste anzubieten. Der Bote berichtet außerdem, dass er sein Hauptquartier nach Bosham verlegt hat, was für dich einen weiteren Tagesritt von London aus bedeutet.

Harold muss annehmen, dass die Invasion unmittelbar bevorsteht, sonst würde er wohl kaum die Hauptstadt und die Staatsgeschäfte vernachlässigen. Du begleitest den Boten sofort mit nach Süden.

Lies weiter bei **174**.

178

Am nächsten Tag wirst du wieder zum Herzog bestellt, noch bevor du dich über den Gesundheitszustand deines Bruders erkundigen kannst. Dieses Mal führt dich ein Diener durch die verlassenen Hallen zu einem kleinen Raum, in dem der Herzog sitzt. Allein. Er begrüßt dich herzlich und bietet dir Wein an. Als du dich an eine Seite des hölzernen Tisches setzt, beugt er sich vornüber und betrachtet dich eingehend. Dann ergreift er das Wort.

„Ihr wart sehr lange in England", beginnt er, „aber eure Rückkehr zeigt, dass Ihr mit vollem Herzen Normanne seid. Ich möchte Euch um einen Gefallen bitten. Ich habe einen Anspruch auf den englischen Thron und Graf Harold sollte mir eigentlich helfen, ihn zu besteigen, aber er hat seinen Schwur gebrochen und so sehe ich keine andere Möglichkeit, als Krieg gegen ihn zu führen, wenn er sich an einen Titel klammert, der rechtmäßig mir zusteht."

Wilhelm macht eine Pause und sieht dich fest an.

Umsichtigerweise sagst du darauf nichts, nickst aber, wie zum Zeichen der Zustimmung. Dann fährt er fort.

„Ich brauche gute Männer in England", sagt er. „Männer, die mich über Harolds Vorhaben und seine Armee informieren. Wollt Ihr mir diesen Dienst erweisen?"

Er bittet dich, für ihn gegen Harold zu spionieren. Wenn du ja sagst, lies weiter bei **277**.

Wenn du deinen Treueschwur zur englischen Krone jedoch ernst nimmst und ablehnst, lies weiter bei **140**.

179

Du wirst schon bald mit der Organisierung der Fyrd betraut. Männer aus dem gesamten Süden Landes treffen ein und jeder Gruppe wird ein Abschnitt der Küste zwischen Plymouth und Dover zugeteilt. Während der Nacht sind die Klippen hell vom Feuer der Wachtposten erleuchtet.

Ende April, beginnend mit dem 24., kann man ein helles Leuchten am Himmel sehen – ein wandernder Stern mit einem feurigen Schweif. An manchen Tagen ist er sogar zu sehen, während die Sonne scheint! Es ist ein Omen, so viel ist sicher. Aber was für eine Art Omen?

Weiter bei **238**.

180
Wilhelm studiert kurz die angelsächsischen Truppen, bevor er antwortet. Als er sich wieder zu dir wendet, lächelt er.

„Ihr seid ein guter Mann, Hugh!" Er klopft dir auf die Schulter. „Wir werden jeden verbliebenen Pfeil über den Schildwall hinweg in die ungeschützten Bauern hinein feuern und folgen dann mit allen übrigen Männern in einen Sturmangriff." Mit strahlendem Gesicht reitet er davon und ruft den Befehl aus.

Du bist mit dir sehr zufrieden, wenn auch besorgt über den bevorstehenden Angriff.

Weiter bei **225**.

181
Der normannische Angriff schlägt fehl und du glaubst, das Beste wäre es nun, sich so rasch als möglich zurückzuziehen und Wilhelm danach ausgiebig zu berichten, wie du die Lage einschätzt.

Weiter bei **186**.

182
Du reitest von dem Schauplatz des Hinterhaltes fort und versuchst, deine Frau zu trösten. Aber deine Gedanken werden wieder zu den Staatsangelegenheiten zurückgezogen, die ja überhaupt erst den Anlass zu so viel Misstrauen gegeben haben.

Du betrauerst deine gefallenen Diener und wünschst dir von ganzem Herzen, dass Herzog Wilhelm nicht entschieden hätte, in dieses schöne Land einzufallen.

Weiter bei **28**.

183
Nach und nach löst sich der Widerstand auf. Die Nordländer flüchten zu ihren Schiffen bei Ricall. Du entscheidest dich dazu, sie zu verfolgen. Folgst du ihnen zu Fuß (weiter bei **97**) oder suchst du dir ein Pferd (weiter bei **40**)?

184
Der Seemann liegt tot zu deinen Füßen. Du steigst wieder auf dein Pferd und reitest los, um dich Harold anzuschließen.

Weiter bei **27**.

185
Dieser Teil des Schildwalls ist immer noch völlig intakt. Wirst du weiter versuchen, hier durchzudringen (weiter bei **294**) oder wirst du den Angriff hier abbrechen und es an einer anderen Stelle versuchen (weiter bei **103**)?

186
Wilhelm zieht seine Truppen zurück, damit sie sich neu formieren können, öffnet sein Visier und wendet sich dir zu. „Was denkt Ihr, Hugh?", fragt er dich ernst.

Wirst du ihm raten, die bisherige Strategie beizubehalten (weiter bei **281**) oder den Versuch zu unternehmen, die Angelsachsen zu flankieren (weiter bei **7**) oder sich an einen sicheren Ort zurückzuziehen und auf die Verstärkung zu warten, die auf dem Weg von der Normandie her ist (weiter bei **116**)?

187
Du siehst mit Wilhelm zu und musst feststellen, dass die bretonische Kavallerie nicht den Schildwall angreift, sondern die Reiter in einigem Abstand stehen bleiben und ihre Wurfspeere

in die dichtgedrängten Angelsachsen schleudern. Deren Speerträger handeln jedoch ähnlich und stürzen die bretonischen Reiter ins Chaos. Sie treten über den Hügel den Rückzug an.

Als er das sieht, prescht Wilhelm auf seinem Pferd vor, um zu verhindern, dass aus dem Rückzug eine panische Flucht wird.

Weiter bei **37**.

188
Als die Fußsoldaten die englischen Linien erreichen, geht ein Hagelsturm von Geschossen auf sie nieder. Sie können dem Zorn der Verteidiger nicht widerstehen und lassen sich zurückfallen.

Als er das sieht, befiehlt Wilhelm seiner Kavallerie erneut, sich bereit zu machen.

Wirst du mit der Kavallerie reiten, um den normannischen Angriff zu unterstützen (weiter bei **216**) oder wirst du bei Wilhelm bleiben (weiter bei **276**)?

189
Du entscheidest dich dafür, mit den Kundschaftern zu reiten und schon bald seid ihr einige Meilen vor der Kolonne. Dort stoßt ihr auf die ersten Überlebenden der Schlacht bei Fulford. Müde trotten sie einzeln oder in Zweiergruppen die Straße hinunter, wobei die Unverletzten ihre zerschundenen Kameraden abstützen.

Du befragst einige und erfährst, dass Edwin und Morkere zwar besiegt wurden, es aber geschafft haben, zu entkommen und sich nach York zu retten. Hårdrades Schiffe liegen bei Ricall, flussabwärts von York und er fordert Geiseln von der Stadt.

Scarborough ist definitiv zerstört, aber so sehr du dich auch bemühst, findest du keinen, der etwas von deinem Anwesen weiß und dir sagen kann, was damit geschehen ist. Enttäuscht reitest du weiter, allerdings mit gesteigerter Vorsicht, da du im Begriff bist, feindlich kontrolliertes Gebiet zu betreten.

Als ihr einen Kamm erreicht, über den die Straße führt, kannst du in der flachen Senke dahinter eine Gruppe Fremder entdecken. Du siehst genauer hin und anhand ihrer seltsamen Sprache und ihrer fremdartigen Kleidung erkennst du, was sie sind – nordische Plünderer. Es sind vielleicht zehn von ihnen und deine Gruppe ist nur halb so groß.

Wirst du diese Eindringlinge angreifen (weiter bei **115**) oder werdet ihr euch leise zurückziehen und dem König Bericht erstatten (weiter bei **125**)?

190

Du erhebst dich in deinen Steigbügeln, nimmst den Helm ab und wirfst ihn in die Soldaten. Mit einem lauten Schrei treibst du sie voran.

Würfle mit 2 Würfeln.

Ist das Ergebnis kleiner oder gleich deiner Überredungskunst, bist du erfolgreich und machst weiter bei **134**. Wenn du scheiterst, bei **127**.

191

Von Osten her ertönt ein Ruf. Die Kundschafter haben ein Fort entdeckt! Harold stellt ein Drittel seiner Truppen ab, dorthin zu ziehen, während er mit Vorsicht beobachtet, ob sich Hårdrades Truppen im Westen rühren.

Weiter bei **43**.

192

Als der letzte Lebenshauch deinen Körper verlässt, spürst du wundersamerweise keine Schmerzen. Du hast tapfer gekämpft, aber wie die Wikinger sagen: Niemand kann seinem Schicksal entkommen.

Dein Abenteuer endet hier.

193

Wilhelm behält die nächsten Stunden die alte Strategie bei. Der Tag zieht sich hin mit einem Kavallerie-Ansturm nach dem anderen, während die Infanterie immer wieder den Hügel hinaufzieht, auf dem schon so viele ihrer Kameraden liegen. Nach einem solchen Angriff werden die sich zurückziehenden Fußsoldaten von einer Gruppe Angelsachsen verfolgt.

Wirst du ihnen helfen, indem du den berittenen Gegenangriff anführst (weiter bei **166**) oder wirst du bei Wilhelm bleiben (weiter bei **171**)?

194

Die Bürger von York sind von der Rückkehr des siegreichen Königs überwältigt. Die Freude wird jedoch bald abgelöst von gegenseitigen Beschuldigungen, denn jeder der Thane (Grundbesitzer) prahlt mit seinen Taten gegen die Nordländer und bezichtigt die anderen, an der Kapitulation der Stadt schuld zu sein.

Harold verbringt mehrere Tage in York damit, mit seinen Gefolgsmännern zu feiern, zu rasten und die Schäden zu beheben, die dem Stolz dieser tapferen und treuen Northumberländer angetan wurden. Wenn du in den letzten Tagen irgendwelche Verletzungen davongetragen hast, hast du jetzt Zeit, diese zu heilen. Setze deine Lebenspunkte wieder auf den ursprünglichen Maximalwert.

Des Königs Sorge um die Sicherheit seines Reiches verschwindet vorübergehend und für kurze Zeit kann er sich entspannen. Eines Nachts wird dieser allzu seltene Zustand jedoch durch die Ankunft eines erschöpften Reiters erschüttert.

Der Mann wird in die Festhalle geführt und sofort verstummt das Durcheinander der Tischgespräche, als er das Wort ergreift.

„Mein Herr, schlimme Nachrichten aus dem Süden. Herzog Wilhelm von der Normandie ist bei Pevensey gelandet! Inzwischen könnte er auf London zumarschieren."
„Wann ist er gelandet und wie viele Männer hat er?", fragt Harold, praktisch und kurz wie immer.
„Laut Bericht landeten ‚viele Schiffe' vor kaum drei Tagen, am 28. September", antwortet der Reiter.

Harold überschlägt einige Zahlen im Kopf und steht schließlich auf. In der ganzen Halle ist es totenstill.
„Wir marschieren morgen. Wir müssen diese Normannen vor London schlagen oder alles ist verloren", ruft er.

Die Feiergesellschaft geht auseinander und du gehst zu Bett.

Du liegst wach und dein Verstand rast. Wirst du am Morgen mit Harold losreiten (weiter bei **296**) oder wirst du so schnell wie möglich allein nach Süden ziehen (weiter bei **285**)?

195
Als du auf die Gruppe zureitest, siehst du, dass Harold um sein Leben kämpft. Alle seine Leibwächter liegen tot vor ihm und er wird von vier Rittern bedrängt.

Wirst du ihnen beim Angriff auf den englischen König helfen (weiter bei **126**) oder stehen bleiben und dem Schicksal deines ehemaligen Freundes zusehen (weiter bei **279**)?

196
Du überquerst erfolgreich die Grube und rasch schließen sich dir einige normannische Fußsoldaten an. Die Engländer fliehen vor euch und du machst dir nicht weiter die Mühe, sie zu verfolgen. Du überquerst erneut die Senke und reitest zurück zur Spitze der Senlac-Hügel, um Herzog Wilhelm zu suchen.

Weiter bei **4**.

197
Einer der Normannen – Montford – schlägt nach Harold und verwundet ihn schwer am Bein. Der König wankt und geht zu Boden. Die anderen drei sind sofort über ihm. Herzog Wilhelm ist irgendwo im Kampfgewimmel hinter dir verschwunden und so siehst du mit sprachlosem Entsetzen zu, wie sie anfangen auf den Körper des Königs von England einzuschlagen und ihn zu zerstückeln.

Montford steigt auf sein Pferd und setzt zur Verfolgung der fliehenden Überlebenden des angelsächsischen Heeres an.

Wirst du dich ihm anschließen (weiter bei **297**) oder hier auf Wilhelm warten (weiter bei **51**)?

198
Der König heißt dich willkommen und kommt gleich zur Sache.

„Ich will, dass Ihr für mich eine Nachricht an Wilhelm überliefert", sagt er. „Sagt ihm, dass die Witan – unser Ältestenrat – seinen Anspruch auf den Thron von England abgewiesen hat. Solche Dinge gehen einzig und allein uns Engländer etwas an. Unter dem Vorwand, diese Nachricht zu überbringen, sollt Ihr außerdem für mich in Erfahrung bringen, wie weit er mit seinen Kriegsvorbereitungen gekommen ist und mir davon berichten."

Dir bleibt nichts anderes übrig als zuzustimmen und so reitest du nach ein paar Tagen mal wieder nach Folkestone.

Weiter bei **244**.

199

Es sind über zwanzig Bauern und zwei davon erreichen dich bereits vor den anderen. Da diese beiden dich offensichtlich töten wollen, musst du zuerst gegen sie kämpfen, bevor du es auf andere Art und Weise versuchen darfst:

Erster Bauer
AXT 7   LEBEN 4
Zweiter Bauer
MISTGABEL 6   LEBEN 4

Sie werden dich gemeinsam angreifen und so musst du für jeden einzelnen Bauern zwischen deinen Angriffen würfeln. Nach jeder Kampfrunde (du hast für alle gewürfelt) darfst du dein *Glück* versuchen.

Bei Erfolg lies sofort weiter bei **135**. Ansonsten geht der Kampf ganz normal weiter, bis entweder sie oder du tot sind. Wenn du verlierst, lies weiter bei **255**. Wenn du gewinnst, bei **130**.

200

Nachdem du dich entschieden hast, noch ein paar Tage in Northumberland zu bleiben, kehrst du zu deinem Anwesen zurück und beschäftigst dich mit den üblichen Problemen eines Landbesitzers.

Vor ein paar Jahren, als Tostig, einer der Brüder von König Harold, noch Graf von Northumberland war, beutete er seine Untertanen auf das Übelste aus, bis sie sich gegen ihn erhoben und ihn zur Flucht zwangen. Daraufhin wurde er vom weisen König Edward ins Exil geschickt, aber seine Terrorherrschaft hat bis heute ihre Spuren hinterlassen. Du musst die Bauern in deinem Gebiet mit Weisheit und Freundlichkeit behandeln.

Nach bereits zwei Tagen trifft ein Bote aus London ein und berichtet dir, dass deine Frau krank ist und möchte, dass du sofort zu ihr zurückkehrst. Du befürchtest das Schlimmste und eilst so schnell nach Süden, dass du sogar den König auf seiner gemächlichen Rückreise in die Hauptstadt überholst. Als du ankommst, stellst du mit Erleichterung fest, dass es sich nur um ein leichtes Fieber gehandelt hat, das inzwischen wieder verschwunden ist. Du beziehst deine Gemächer im Palast und wartest auf die Rückkehr des Königs.

Weiter geht's bei **213**.

201

„Ich nehme an", antwortest du und FitzWimark klopft dir auf die Schulter.
„Ich wusste, Ihr seid ein wahrer Normanne", sagt er. „Dann geht jetzt zum König und sagt ihm, dass Ihr Eure Meinung geändert habt. Ich werde Euch ein paar Briefe für Wilhelm mitgeben."

Du kehrst zum König zurück und teilst ihm deine Entscheidung mit, die er dankbar annimmt. Du entscheidest dich, unter dem Vorwand zu reisen, dass du deine Familie besuchen willst, von der du so viele Jahre lang getrennt warst. Du verabschiedest dich von deiner Frau und brichst auf zur **222**.

202

Als du nach London reitest, wird dir klar, dass da etwas im Gange ist. Die ganze Gegend wimmelt vor mobilisierten Bauern, die die Straße hinunter zur Küste marschieren. Harold muss über die bevorstehende Invasion der Normannen Bescheid wissen! Du stehst kurz davor umzukehren, aber entscheidest dich dann dafür, alles mit FitzWimark zu besprechen.

FitzWimark scheint ganz ruhig zu sein und erzählt dir, dass er versucht habe, den Herzog zu warnen.
„Ihr müsst zu Harold zurückkehren und ihn genau im Auge behalten. Erstattet mir Bericht von allem was Ihr seht", sagt er.
„Soll ich ihm erzählen, was ich in der Normandie gesehen habe?", fragst du ihn.
„Ihr wisst mit Sicherheit nichts, was er nicht ohnehin schon weiß", antwortet er.

Du reitest zurück an Harolds Hof. Die wenigen Diener, die noch dort sind, erzählen dir, dass er bereits zur Südküste unterwegs ist. Also reitest du weiter nach Bosham, wo Harold sein Hauptlager aufgeschlagen hat.

Weiter bei **95**.

203

Als du das Tor durchquerst, triffst du auf einen Offizier, der deine Farben erkennt – ein goldener Streifen auf blauem Feld, der deine normannische Abstammung bezeugt. Er führt dich an den Hof des Herzogs.

Am nächsten Tag wirst du zu Herzog Wilhelm gebracht, nachdem du dich am Vortag bei einem guten Mahl und einer erholsamen Nacht erholt hast. Du verbeugst dich und übergibst ihm die Briefe, die du aus London mitgebracht hast. Mit einer Geste bietet er dir an, Platz zu nehmen und richtet seine Aufmerksamkeit auf die Schriftstücke. Als er damit fertig ist, heißt er dich in Rouen herzlich willkommen und fegt deinen Dank mit einer Handbewegung beiseite.

„Erzählt mir mehr von der Krönung dieses Grafen Harold", verlangt er und du erzählst ihm alles was du weißt. Als du fertig bist, fragt er dich genauestens über England aus und scheint dabei besonders an den Hofintrigen um die Frage nach Edwards Erben interessiert zu sein.

„Wir werden hier am Hofe eine Unterkunft für Euch finden", sagt er. „Ich werde vielleicht noch öfter mit Euch reden wollen." Damit entlässt er dich und du gehst.

Weiter bei **178**.

204
Der Pfeil findet eine schwache Stelle in deiner Rüstung und bohrt sich in seiner gesamten Länge in dich hinein. Bogenschützen sind ausgezeichnete Gegner! Die Welt um dich herum wird dunkel und du fällst zu Boden, wo du deinen letzten Atem aushauchst.

Dein Abenteuer ist hier zu Ende.

205
Harold wirkt sehr beherrscht. Er wird auf niemanden warten und am Abend des ersten Tages erreicht die Kolonne Thetford, eine beachtliche Strecke von London entfernt.

Aller Meile nach schließen sich dem König Mitglieder der Fyrd an und inzwischen ist die Armee auf fast sechstausend Mann angewachsen.

Du siehst auf dein Pferd und fällst sofort in einen erschöpften Schlaf, wie so viele andere auch. Hat der König vor, den ganzen Weg über dieses Tempo zu halten?

Weiter bei **253**.

206

Weitere Boten machen deutlich, dass die Schiffe die bei Sandwich gelandet sind, nicht Wilhelm sondern Harolds Bruder, dem ins Exil verbannten Grafen Tostig gehören.

Mit ihm reisen einige Schiffsladungen flämischer Söldner und der König gibt sofort Befehl, nach Sandwich zu reiten.

Wirst du ihn begleiten (weiter bei **105**) oder zurückbleiben (weiter bei **113**)?

207

Du beobachtest die Geschehnisse rund um den König von England und siehst, dass die normannischen Ritter Harolds Leibwächter überwunden haben und über den König hergefallen sind. Innerhalb von Sekunden ist er erschlagen, aber seine Angreifer schlagen und hacken noch auf seinen Leichnam ein, obwohl sie sicher sind, dass er tot ist.

Von allen Seiten her ertönt Geschrei. Harold, gerade mal neun Monate lang König von England, ist tot. Sein Banner wird zu Boden geworfen und wie auf ein Zeichen hin fliehen die englischen Truppen. Sie wenden sich ab und rennen davon, mit Montford an der Spitze der Verfolger im Rücken.

Wirst du dich den Verfolgern anschließen (weiter bei **297**) oder hier bleiben und deinem zerschundenen und blutigen Körper eine Ruhepause gönnen (weiter bei **51**)?

208

Die Reiterei stürmt vorwärts und bleibt weniger Meter vor dem Feind stehen, um ihre Wurfspeere fliegen zu lassen.

Auf der Suche nach einer Lücke in der Mauer treibst du dein Pferd voran.

Du spürst, dass, wenn du durch den Schildwall brechen kannst, die unerfahrenen Bauern dahinter kaum einen Widerstand bieten werden.

Weiter bei **242**.

209

Als die normannischen Soldaten auf die festen Reihen der angelsächsischen Huscarls treffen, wird dir immer mehr klar, dass Wilhelm wohl kaum eine Hoffnung hat, auf diesem Weg durch ihre Linien zu brechen.

Du erreichst gerade die vordere Reihe, als ein englischer Fußsoldat seinen Speer nach dir schleudert.

Du musst eine Probe auf *Reiten* ablegen, um ihm auszuweichen. Bei Erfolg lies weiter bei **242**. Wenn du aber scheiterst, lies weiter bei **101**.

210

Du steigst auf und gibst deinem Pferd die Sporen. Mitten durch die Reihen der Angelsachsen hindurch preschst du wie wahnsinnig den Hügel hinunter auf die normannischen Truppen zu.

Würfle auf *Reiten*.

Wenn du erfolgreich bist, lies weiter bei **70**.

Wenn du scheiterst, durchbohrt ein unbemerkter Pfeil dein Kettenhemd und du fällst von deinem Reittier auf den unnachgiebigen Boden.

Wenn deine Probe auf *Reiten* scheitert, ist dein Abenteuer hier zu Ende.

211

Robert FitzWimark, vertrauter Ratgeber von König Edward und guter Freund von König Harold von England, liegt erschlagen von deiner Hand. Als du auf seinen verdrehten Körper hinuntersiehst, erkennst du, welche Ironie in dieser Situation liegt.

Du hast ihn getötet, weil du keine Nachricht an Wilhelm ausliefern wolltest, aber jetzt da er tot ist, gibt es in ganz England keinen Ort der für dich sicher ist, außer vielleicht Wilhelms Lager. Wenn König Harold erfährt, dass du FitzWimark getötet hast, ist dein Schicksal besiegelt.

Er wird niemals glauben, dass FitzWimark ein Verräter war.

Du verlässt schleunigst FitzWimarks Räumlichkeiten und bereitest dich darauf vor, nach Pevensey zu reiten.

Weiter geht es bei **288**.

212

Harold lässt eine kleine Gruppe Männer zurück, um die beschlagnahmten Schiffe zu bewachen und führt seine kampfesmüden Männer in einem triumphalen Zug zurück nach York.

Weiter bei **194**.

213

Nachdem der König sich von seiner Reise zurück nach London erholt hat, lässt er dich zu sich rufen.

„DeBouard", sagt er, „ich muss Euch um einen Gefallen bitten."
„Ihr braucht ihn nur zu nennen, mein Lehnsherr", antwortest du.

„Nein", sagt er. „Die Wahl liegt allein bei Euch. Wenn Ihr ablehnt, verstehe ich das vollkommen und werde Euch keine Vorwürfe machen."

Verblüfft wartest du darauf, dass er fortfährt.

„Uns ist zu Ohren gekommen, dass Herzog Wilhelm von der Normandie über meine Krönung nicht erfreut ist und deshalb plant, in England einzufallen."

Du schnappst schockiert nach Luft. Von so etwas hast du noch nie gehört. Wilhelm muss ein Narr sein, wenn er ernstlich versuchen will, den Ärmelkanal mit einer Armee zu überqueren.

Und selbst wenn er erfolgreich landen würde, würde er mit Sicherheit von der englischen Armee geschlagen werden, der Fyrd, bestehend aus jedem einzelnen Bauern im Land, der fähig ist, eine Waffe zu halten, und angeführt von der Elite der Huscarls – den erfahrenen Bataillonen von Kriegern, die jeder Graf und der König selbst zur Verfügung stellen würde.

„Nichtsdestotrotz", antwortet der König nach deinem Ausbruch, „brauche ich einen vertrauenswürdigen Mann der für mich als Spion in der Normandie agiert. Jemanden, den Wilhelm nicht verdächtigen würde. Wollt Ihr diese Aufgabe übernehmen?"

Dieses Unterfangen ist sehr gefährlich, auch wenn du nicht bezweifelst, dass der König dich reich belohnen würde. Aber was nützen Reichtümer einem toten Mann? Der König bittet dich, deine eigenen Landsleute auszuspionieren. Obwohl England jetzt deine Heimat ist, oder nicht?

Wenn du den Auftrag des Königs annehmen willst, lies weiter bei **247**. Wenn du höflich ablehnen möchtest, lies weiter **246**.

214

Allmählich durchbrichst du die vordere Reihe des Schildwalls. Am Rand deines Blickfelds erhaschst du plötzlich einen Blick auf einen Bogenschützen, der einen Pfeil an die Sehne legt.

Du bist sein Ziel!

Würfel mit zwei Würfeln auf deinen Wert für *Glück*.

Bei Erfolg verfehlt dich der Pfeil und du darfst weitermachen bei **230**. Wenn du Pech hast, lies weiter bei **204**.

215

Als der Sommer in den Herbst übergeht, rückt das Fest zu Mariä Geburt am 8. September immer näher. Für diesen Tag hat Harold den Angehörigen der Fyrd zugesichert, dass sie nach Hause gehen dürfen, da es unwahrscheinlich ist, dass Wilhelm in den darauf folgenden stürmischen Monaten den Kanal überqueren wird. Wenn er bis dahin nicht eingefallen ist, wird England mindestens bis zum Frühling sicher sein.

Der Tag kommt, und mit ihm das erste raue Wetter dieser Jahreszeit. Wirst du nach London zurückkehren, in dem du mit einem Teil der Flotte segelst, der dort sein Winterquartier aufschlägt (weiter bei **282**) oder wirst du mit Harold ein paar Tage warten und dann mit ihm gemeinsam in die Stadt zurückkehren (weiter bei **39**)?

216

Du stürmst mit der Kavallerie den Hügel hinauf, hebst deinen Wurfspeer und suchst nach einem geeigneten Ziel. Es ist nicht schwer, welche zu finden und du entscheidest dich für einen großen Huscarl in der vorderen Reihe.

Würfle für deine *Wurfspeer-Fertigkeit* um ihn zu treffen.

Wenn es dir gelingt, lies weiter bei **170**. Wenn du ihn verfehlst, lies weiter bei **52**.

217

Der geworfene Speer verfehlt deinen wild verdrehten Körper nur um Zentimeter. Du nutzt die kurze Pause zwischen den Angriffen gegen dich, um dein Pferd zu wenden und dich von der Linie zu entfernen.

Weiter bei **269**.

218

Während du in den tosenden Wellen strampelst, streifen deine Hände plötzlich ein Stück Treibholz und verzweifelt klammerst du dich daran fest. Der Sturm treibt dich auf die Küste zu und schließlich wirst du an einen breiten, sandigen Strand angespült. Erschöpft suchst du bei einem Felsen Schutz und fällst in Ohnmacht.

Als du wieder aufwachst ist der Sturm vorüber und du suchst den Strand vergeblich nach anderen Überlebenden ab. Du gehst landeinwärts.

Nach ein paar Meilen erreichst du ein kleines Dorf, wo du von deinem Unglück berichtest und von den Dorfbewohnern aufgenommen wirst. Es vergehen einige Tage, bis du dich wieder in der Lage fühlst, reiten zu können.

Nachdem du dich erholt hast, kaufst du von einem der Dorfbewohner ein Pferd. Du bezahlst ihn mit Gold aus der Geldbörse, die du immer bei dir trägst und die du wie durch ein Wunder im Sturm nicht verloren hast. Dann brichst du auf nach Rouen.

Als du die Stadt erreichst, geht es weiter bei **203**.

219
Wilhelm trifft die Witan und es wird ein Datum für seine Krönung festgesetzt: der 1. Weihnachtsfeiertag 1066.

Der große Tag ist da und eine gewaltige Menschenmenge versammelt sich in der Abtei von Westminster. Da Wilhelm kein Engländer durch Blut ist, wurde entschieden, dass neben den Witan auch das Volk ihn zum König erklären muss und so fragen die Bischöfe die Versammelten, sowohl in Französisch als auch in Englisch, nach ihrer Meinung. Die Menge jubelt voller Zustimmung.

Weiter bei **229**.

220
Tostig stößt den „Verwüster" neben sich in den Boden, zieht sein Schwert und macht sich bereit, mit dir zu kämpfen.

Graf Tostig
Schwert 8   Leben 4

Wenn du gewinnst, lies weiter bei **8**. Wenn du verlierst bei **223**.

221
Nach weniger als zwei Stunden Marsch erreichst du die Flussmündung, von der aus man die Segel der nordländischen Flotte sehen kann. Fast ein Drittel von Hårdrades Armee ist noch unversehrt.

Diese Soldaten sollten auf die Langboote achten, während der Rest ihrer Kameraden auszog um die Geiseln zu holen. Selbst jetzt, ohne sichtbare Führung, sind sie aber immer noch zur Bewachung der Boote abgestellt. Harold befiehlt seinen Truppen den Vormarsch.

Wirst du dich ihnen anschließen (weiter bei **75**) oder mit Harold hinten zurück bleiben (weiter bei **27**)?

222

Zusammen mit deinem Pferd und zweien deiner Diener machst du dich auf die lange Reise nach Folkestone. Trotz des schlechten Wetters verläuft der Ritt ohne Zwischenfälle.

Als ihr den Hafen erreicht, fragen deine Begleiter ein bisschen herum und kommen mit der Meldung wieder, dass nicht weniger als drei Schiffe bereitstehen, nach Frankreich abzulegen.

Eines fährt nach Eu, in den Nord-Westen der Normandie. Ein zweites wählt den kürzeren und weniger gefährlichen Weg nach Boulogne in Flandern, von wo aus noch ein Ritt von sechs oder sieben Tagen bis zu Herzog Wilhelms Hof ist. Das dritte bereitet sich auf die viel längere Überfahrt nach Fécamp vor, aber dafür ist die Stadt nur einen Tagesritt von Rouen entfernt – Wilhelms Hof.

Wenn du das Schiff nach Eu nehmen möchtest, lies weiter bei **36**. Wenn du nach Boulogne segeln willst, lies weiter bei **175**. Willst du aber die Reise nach Fécamp riskieren, lies weiter bei **41**.

223

Tostig stößt einen Triumphschrei aus, als du tödlich verwundet fällst. Um dich herum tobt die Schlacht weiter und dein letzter Gedanke gilt dem König.

Wird er es schaffen, die Nordländer zu besiegen? Die Geschichte wird es zeigen.

Dein Abenteuer endet hier.

224

Du bezweifelst, dass ein Angriff zu Fuß gegen eine so entschlossene Verteidigung erfolgreich wäre, deshalb drehst du mit deinem Pferd um und ziehst dich den Hügel hinunter wieder zurück. Viele der Soldaten folgen dir.

Aber kaum, dass du auch nur zehn Meter weit gekommen wärst, siehst du, wie Wilhelms Kavallerie vorstürmt, um den Angriff zu unterstützen. Welch ein imposanter Anblick – die besten der normannischen Ritter. Deine Zuversicht kehrt wieder und so lenkst du dein Pferd wieder herum und hilfst dabei, die Fußtruppen zu sammeln. Als sie sich ein weiteres Mal den Angelsachsen stellen, setzt du deinen Ritt den Hügel hinunter fort, um Wilhelm zu berichten.

Weiter bei **276**.

225

Die Schützen bewegen sich ein Stück den Hügel hinauf und eröffnen das Feuer. Die Pfeile steigen hoch in den Himmel hinauf, bevor sie senkrecht in die Reihen der ungeschützten Bauern hinter der Frontlinie stürzen.
Die Wirkung ist verheerend – die dichten Reihen der Verteidiger zerbrechen in lauter kleine Gruppen, während jeder von ihnen vergeblich versucht, sich vor dem tödlichen Pfeilhagel zu verbergen.

Wilhelm gibt den Befehl zum Vorrücken. Wirst du mit ihm ziehen (weiter bei **232**) oder dich in diesem massiven Angriff der Kavallerie anschließen (weiter bei **49**)?

226

Die eindrucksvolle Flotte sticht von der Flussmündung aus in See, der Wind hat zugenommen und ihr alle rechnet mit einer schnellen Reise über den Kanal.

Nach bereits zwei Stunden wird der Wind allerdings stärker und unberechenbarer. Nach und nach steigert er sich zum Sturm. Die Pferde wiehern vor Angst und die Soldaten hängen mit grünen Gesichtern über der Reling.

Die Flotte bricht rasch auseinander. Einige Schiffe wenden auf die Küste zu, andere trotzen dem Sturm und fahren weiter. Der Kapitän deines Schiffes entscheidet sich für den ersteren Kurs und setzt Segel nach Saint-Valery.

Knapp eine Meile vom sicheren Ufer entfernt beginnt das Schiff zu sinken. Gewaltige Kaskaden stürzen wild auf die Männer und Pferde, während das Schiff langsam untergeht.

Verzweifelt klammerst du dich an den Mast und hoffst, dass der Sturm nachlässt. Plötzlich erfasst dich eine Welle und schleudert dich in die tosende See.

Weiter bei **104**.

227

Du hast so hart und wild gekämpft, dass du den nordländischen Schildwall durchbrochen hast. Dort, zu deiner Linken, versperrt eine kleine Gruppe von Wikingern den herankommenden Angelsachsen den Weg.

Du ziehst dein Schwert und rennst auf sie zu, so schnell, dass nur einer von ihnen es schafft, sich umzudrehen und sich gegen dich zu stellen. Ein Axtkämpfer bereitet sich auf deinen Angriff vor.

Axtkämpfer
Axt 6   Leben 3

Wenn du gewinnst, lies weiter bei **53**. Wenn du aber verlierst, lies weiter bei **112**.

228

Wie durch ein Wunder bezwingst du die vier Angreifer. Inzwischen hast du zehn oder gar mehr Feinde erschlagen!

Durch die Lücke, die du in die vordere englische Reihe geschlagen hast, kommen drei Bauern auf dich zu und stürzen sich wie wild auf dich.

Erster Bauer
AXT 6   LEBEN 3
Zweiter Bauer
KNÜPPEL 7   LEBEN 4
Dritter Bauer
HAMMER 6   LEBEN 4

Wenn du sie besiegst, lies weiter bei **275**. Wenn du verlierst, lies weiter bei **159**.

229

Die normannischen Soldaten vor der Abtei hören das Geschrei der Menge und es kommt zum Missverständnis. Sie fürchten, dass ihr Herzog angegriffen wird und stürmen mit gezogenen Schwertern durch den Hintereingang, um ihn zu erreichen.

Für einen langen Moment liegt das Schicksal des Landes auf Messers Schneide, bis Wilhelm hervortritt und mit lautem Ruf auf sich aufmerksam macht.

Das Gemetzel an der Kirchgemeinde wurde gerade noch abgewendet und die Krönung verläuft ohne weitere Zwischenfälle. Nachdem alles zu Ende ist, verlässt der neue König von England die Abtei unter dem Jubel der versammelten Bürger Londons.

Weiter bei **293**.

230

Der Bogenschütze steht schutzlos vor dir. Ohne Gnade schlägst du ihn nieder. Der Kampf tobt weiter und vorsichtig hältst du nach weiteren Angreifern Ausschau, als du über seine Leiche steigst.

Weiter bei **57**.

231

Die bewaffnete Eskorte bringt dich und deine Frau nach Folkestone, wo ihr auf das erste Boot verfrachtet werdet, das nach Frankreich fährt.

Das Wetter sieht nicht gut aus und als der erste Regentropfen fällt, versuchst du vergeblich, unter dem behelfsmäßig errichteten Baldachin etwas Ruhe zu finden.

Der Sturm wird immer schlimmer und bald schon schaukelt das Boot von einer Seite auf die andere. Riesige Wellen brechen über die Reling und dir wird klar, dass ihr bald sinken werdet.

Eine enorme Welle spült über die gesamt Länge des Bootes und bevor dir klar wird, was passiert ist, wurde deine Frau von der Kraft des Unwetters über Bord gespült.

Wirst du ihr hinterher springen (weiter bei **34**) oder wirst du dich an den sicheren Mast klammern (weiter bei **73**)?

232

Die erste Welle von Fußsoldaten erreicht den englischen Schildwall. Die Verluste sind furchtbar, aber Wilhelm treibt seine Armee voran und der Schildwall bekommt an einigen Stellen Lücken. Die Kavallerie stürmt auf diese Schwachstellen zu und die Heftigkeit der Schlacht erreicht einen neuen Höhepunkt. Die Angelsachsen verteidigen sich weiterhin energisch, aber sie sehen jetzt viel verzweifelter aus.

Wirst du mit Wilhelm hinter der Kampfeslinie bleiben (weiter bei **131**) oder wirst du nach vorne reiten, um dich der Kavallerie bei ihrem Angriff gegen den Schildwall anzuschließen (weiter bei **83**)?

233
Die Nordländer sind nicht bereit, zu verhandeln oder sich zu ergeben. Harold fordert neue Truppen an und die Linie wird neu aufgestellt, um sie aufzunehmen. Er gibt nun den Befehl für einen raschen gemeinsamen Angriff auf alle Flanken des Feindes.

Wirst du dich dem Angriff anschließen (weiter bei **2**) oder wirst du den Angriff von einem Aussichtspunkt aus beobachten (weiter bei **20**)?

234
Der Marsch geht weiter. Am Morgen des 24. September, kaum drei Tage nach seinem Aufbruch aus London, erreicht König Harold Tadcaster, zehn Meilen entfernt von York und hundertneunzig Meilen von London.

Du kannst es kaum glauben. Von solch einem Marsch ist noch nie gehört worden, aber der Beweis, dass er stattgefunden hat, ist überall um dich herum: Erschöpfte Männer und Pferde und die die glücklichen Gesichter der Leute aus Tadcaster.

Sofort fängt Harold seine Diskussionen mit den Einwohnern Tadcasters an. Ständig kommen neue Berichte von seinen Kundschaftern herein und er befragt die Besatzungen mehrerer Schiffe, die hier angelegt haben, seit Hårdrade den Humber hinauf gesegelt ist.

Es scheint, dass Hårdrades Schiffe bei Ricall liegen und die Nordländer direkt neben ihren Schiffen ihr Lager aufgestellt haben. York hat sich tatsächlich ergeben und Hårdrade fordert Geiseln von der Stadt. Aber noch sind die Nordländer nicht dort.

Als Harold davon erfährt, ruft er nach seinem Pferd und es geht ein Seufzen durch die Männer, als ihnen klar wird, dass er jetzt plant, bis nach York zu marschieren. Schon bald ist die Kolonne wieder unterwegs, mit vielen Vorreitern, die Ausschau nach den Nordländern halten sollen.

Als ihr York erreicht, geht es weiter bei **157**.

235

„Ich würde es bevorzugen, bei Euch zu bleiben, mein Herr. Diesen Feldzug gegen den Usurpator Eures Thrones würde ich mir nur ungern entgehen lassen – wenn ich Euch denn irgendwie dienen kann", antwortest du schließlich.

„Dann bereitet Euch vor und erwartet meine Befehle. Wir segeln in wenigen Tagen."

Wilhelm wendet sich wieder seiner Karte zu und mit einer leichten Verbeugung verlässt du den Raum. Dein Pferd steht angebunden vor dem Palast. Du kehrst in deine Unterkunft zurück und bereitest dich vor.

Weiter geht es bei **76**.

236

Der nächste Morgen ist durch die Ankunft eines englischen Herolds geprägt. Wilhelm empfängt ihn in einem eilig errichteten Zelt und obwohl du nicht bei der Unterhaltung dabei bist, ist der Grund für seinen Besuch offensichtlich.

Bald darauf wird eine Gruppe Angelsachsen in das Lager eskortiert und zu dem Haufen mit den toten Körpern geführt. Unter ihnen erkennst du auch Ealdgyth, König Harolds Frau. Wimmernd untersucht sie eine Leiche nach der anderen, während ihre Diener ihr zur Hand gehen. Dann zeigt sie auf einen Leichnam und fällt zu Boden. Wilhelm erteilt den Befehl, dass die Leiche des Königs für ein christliches Begräbnis in die Abtei von Waltham überstellt werden soll.

Sobald die Angelsachsen wieder abgezogen sind, befiehlt Wilhelm seiner Armee das Lager abzubrechen. Während die Soldaten beschäftigt sind, ruft er dich in sein Zelt.

„Hugh", sagt er, als du eintrittst, „wir werden noch einigen starken Feinden unter den Engländern begegnen – Edwin, Morkere, Erzbischof Stigand und anderen. Meine Kundschafter sagen mir, sie sind alle in London versammelt. Ich brauche jemanden, der ihnen von mir eine Nachricht überbringt. Werdet Ihr gehen?"

Du kennst die Risiken. Wirst du die Nachricht nach London bringen (weiter bei **14**) oder dich dagegen entscheiden (weiter bei **62**)?

237

Als du in London ankommst, empfängt dich ein bewaffneter Wächter und eskortiert dich zu den Witan. Feindselige Blicke ruhen auf dir, als du die Nachricht von Wilhelm überbringst, aber niemand droht dir Gewalt an.

Die Antwort lässt einige Tage auf sich warten, eine Zeit, in der die Nachrichten über Wilhelm verwirrend und widersprüchlich sind. Am einen Tag scheint er gegen London zu marschieren, am nächsten hat er kehrt gemacht, um Dover anzugreifen. Er bleibt fast eine Woche lang in Dover, bevor er seine Männer in einem Kreis um London herum führt.

Eine Gruppe Reiter, die nach Southwark geschickt wurde, wurde von den dortigen Bürgern und der Fyrd geschlagen, konnte aber das Dorf in Brand stecken, bevor sie flohen.

Die Stimmung im Witan ändert sich mit jedem Tag, während Wilhelm die Stadt weiterhin umkreist, wie ein Wolf, der seine Beute abschätzt. Schließlich lassen sie nach dir rufen. Es ist der Erzbischof Stigand, der das Wort an dich richtet.

„DeBouard," sagt er, „wir haben uns entschieden, unserem Land weiteres Blutvergießen zu ersparen und sind bereit, uns zu ergeben. Ihr werdet mich begleiten, damit ich Wilhelm treffen kann und Ihr Zeuge unserer Entscheidung seid."
Du lächelst voller Erleichterung und stimmst zu, am nächsten Morgen aufzubrechen.

Weiter geht es bei **147**.

238

Kaum ist das Licht des „geschweiften Sterns" am Himmel verblasst, als ein Bote in Bosham eintrifft und meldet, dass von Sandwich aus eine Schiffsflotte gesichtet wurde. Die Stimmung ist gespannt. Könnte dies die Invasion sein, mit der alle gerechnet haben?

Wenn du ein treuer Diener von König Harold bist, lies weiter bei **206**. Bist du aber ein Spion von Herzog Wilhelm, lies weiter bei **19**.

239

Du entscheidest dich, deinen einsamen Angriff gegen die englischen Reihen fortzusetzen. Dir stehen jetzt drei Huscarls gegenüber, jeder begierig darauf, den Tod seiner Kameraden zu rächen. Sie kommen mit einem gefährlichen Ausdruck in den Augen auf dich zu.

Erster Huscarl
AXT 7   LEBEN 3
Zweiter Huscarl
SCHWERT 7   LEBEN 4
Dritter Huscarl
SCHWERT 8   LEBEN 3

Wenn du willst, darfst du deinen *Schwertkampf-Wert* halbieren und die Fertigkeit eines deiner Gegner ebenso senken.

Wenn du gewinnst, lies weiter bei **109**. Wenn du verlierst, lies weiter bei **192**.

240

Der König war vielleicht etwas zu optimistisch, als er sagte, er würde noch am selben Tag reiten. Tatsächlich ist es der Morgen des 20. Septembers, als ihr die Stadt verlasst.

Klappernd durchquerst du das Tor des Bischofs in Begleitung von dreitausend Huscarls und einem wundersam erholten König. Es wurden bereits Boten ausgesandt, die allen Mitgliedern der Fyrd Order geben, sich dem König auf seinen Zug nach Norden anzuschließen.

Weiter bei Abschnitt **205**.

241

Der Bretone fällt aus dem Sattel, als du seine Deckung mit deinem Schwert durchbohrst. Als du dich umsiehst, scheint es so, als hätte die gesamte linke Flanke der englischen Armee sich der Verfolgung der fliehenden Bretonen und Normannen angeschlossen.

Plötzlich hörst du das unheilvolle Geräusch schlagender Hufe. Du schaust nach rechts und siehst, wie die Überbleibsel der

normannischen Kavallerie einen Ansturm auf die ungeschützte englische Linke starten. Innerhalb von Sekunden sind die Normannen über dir. Du bekommst kaum mit, wie dir geschieht, als du den Biss eines Schwertes spürst.

Dein Abenteuer endet hier. Du warst dem Land, das dich aufgenommen hat, treu. Aber dein Vaterland hast du verraten.

242
Du rückst direkt auf die Vorderreihe der Huscarls zu und einer tritt vor, um dir den Weg zu versperren. Du musst ihn bekämpfen.

Huscarl
AXT 8   LEBEN 3

Da du beritten bist, darfst du zu deiner *Schwertkampf-Fertigkeit* eins dazu zählen. Du musst aber nach jeder Kampfrunde (d. h., wenn du für dich und deinen Gegner gewürfelt hast) eine erfolgreiche Probe auf *Reiten* ablegen.
Wenn du dabei scheiterst, darfst du nur mit deinem normalen Fertigkeitswert weiterkämpfen.

Wenn du gewinnst, lies weiter bei **6**. Wenn du verlierst bei **112**.

243
Die Armee der Normannen steht ausdruckslos am Fuß des steilen Hanges. Wilhelms Schützen bahnen sich ihren Weg durch die Reihen der Reiter und Fußsoldaten.
Etwa neunzig Meter vor Harolds Frontlinie bleiben sie schließlich stehen und spannen ihre Bögen. Der Pfeilregen beginnt und dauert einige Minuten lang, aber die Zahl der Opfer ist dank den kräftigen, überlappenden Schilden der Frontlinie der Angelsachsen gering.

Die Bogenschützen ziehen sich zurück und du siehst, dass die Fußsoldaten jetzt auf dem Vormarsch sind. Du stehst bei Harold und kannst hören, wie sich die Huscarls in der vorderen Reihe für das Gemetzel bereit machen.

Als du den Hügel hinunterblickst, siehst du, dass die bretonische Kavallerie ihren Pferden die Sporen gibt und den Fußsoldaten nachfolgt. Die beiden Truppenstöße, der eine zu Fuß, der andere beritten, kommen schnell und beständig auf euch zu. Kampfeshungrig bahnst du dir deinen Weg an die Front.

Weiter bei **273**.

244

Nach deiner sicheren Landung in der Normandie reist du auf schnellstem Weg an Wilhelms Hof in Rouen und überbringst die Nachricht. Am Hofe sind viele Barone und Ritter versammelt und alles redet nur von den Plänen des Herzogs, in England einzufallen. Viele glauben, er sei verrückt, auch wenn es keiner sagt. Um eine Armee über den Kanal zu bringen braucht es günstige Winde und eine ausgeklügelte Navigation, damit die Flotte beisammen bleibt.

Die Edelleute der Normannen wissen wenig über das Segeln und viele von ihnen sind wenig begeistert von dem Gedanken, ihr Land zu verlassen in der schwachen Hoffnung. die gesamte englische Armee auf ihrem eigenen Heimatboden zu besiegen.

Bisher sind noch keine wirklichen Vorbereitungen getroffen. Die Invasion befindet sich noch in der Planung und Wilhelm ringt noch mit dem Widerstand durch viele seiner Barone.

Möchtest du noch etwas länger in der Normandie bleiben (weiter bei **92**) oder möchtest du das, was du bereits weißt an König Harold berichten (weiter bei **160**)?

245

„Dann werde ich nach England zurückkehren", antwortest du. „Gut", sagt er. „Bitte überbringt FitzWimark meine Komplimente. Ich werde Euch beide dann bald genug in London sehen! Es wird für Euch einfacher sein, wenn Ihr Informationen von jetzt an an meine Leute bei Fécamp weiterreicht. Ich wünsche Euch alles Gute und möchte, dass Ihr umgehend von Boulogne aus abreist. Ein Schiff wartet dort auf Euch." Damit beendet er das Gespräch.

Du verbeugst dich, aber er ist schon wieder über seiner Karte und zeichnet, tief in Gedanken versunken, mit seinem Finger die Straßen von der Küste nach London nach.

Du verlässt den Palast und steigst wieder auf dein Pferd. Wilhelm hat dir die selbe kleine Eskorte bereitgestellt. Die Reise verläuft ohne besondere Ereignisse, vor allem, da deine Mitreisenden sehr still sind. Kurz nachdem du in Boulogne angekommen bist, meldest du dich beim Kapitän des Schiffes, das auf dich wartet.

Das Meer ist ruhig und es weht nur ein leichter Wind. Ihr könnt mehrere Tage keine Segel setzen.
Du verfluchst dein Pech.

Willst du warten, bis sich das Wetter ändert (weiter bei **286**) oder wirst du nach Dives reiten, von wo aus Wilhelm die Invasionsflotte entsenden will (weiter bei **76**)?

246

„Nun gut", sagt der König, obwohl er sichtlich enttäuscht ist. „Ich verstehe Eure Beweggründe und mache Euch keinen Vorwurf. Vergessen wir einfach, dass dieses Gespräch stattgefunden hat. Aber vergesst nicht, mein Angebot steht. Solltet Ihr Eure Meinung ändern, braucht Ihr nur um eine Audienz bitten."

Er entlässt dich und du entfernst dich rasch. Ob du wohl die richtige Entscheidung getroffen hast?

Als du die Audienzhalle verlässt, triffst du auf einen Diener von Robert FitzWimark, einem anderen normannischen Edlen an Harolds Hof. Er bittet um ein Treffen mit dir.

Wirst du ablehnen (weiter bei **280**) oder annehmen (weiter bei **30**)?

247

Du stimmst zu und über Harolds Gesicht zieht ein breites Lächeln.

„Ich wusste, dass ich mich auf Euch verlassen kann", sagt er freundschaftlich. „Wann könnt Ihr aufbrechen?"
„Sofort, mein Lehnsherr", antwortest du.
„Guter Mann. Wie Ihr verfahrt, überlasse ich Euch. Aber verhindert unbedingt, dass man Euch lebend gefangen nimmt."

Mit diesen ernüchternden Worten erlaubt er dir, zu gehen. Du entscheidest dich, allen – inklusive deiner Frau – vorzugaukeln, du würdest nur in die Normandie reisen, um deinen Bruder und andere Verwandte zu besuchen und triffst alle Vorbereitungen für deine Abreise.

Als du deine Vorbereitungen abgeschlossen hast, klopft es an der Tür. Du machst auf und vor dir steht ein Diener von Robert FitzWimark, einem anderen Normannen am Hof.

Er überbringt dir die Einladung zu einem sofortigen Treffen mit FitzWimark.

Wirst du sie annehmen (weiter bei **137**) oder wirst du sofort nach Folkestone reiten, um nach Frankreich überzusetzen (weiter bei **222**)?

248
Ein Huscarl stürmt heran. Du musst gegen ihn kämpfen.

Huscarl
SCHWERT 8   LEBEN 4

Wenn du gewinnst, lies weiter bei **181**. Wenn du verlierst, lies weiter bei **132**.

249
Die übrigen Bauern nehmen die Beine in die Hand und fliehen. Vor dir flattert Harolds Banner.

Wirst du vorwärts reiten, um ihn mit den anderen Rittern anzugreifen (weiter bei **111**) oder zu Wilhelm zurückreiten (weiter bei **85**)?

250
Du entscheidest, dass du alleine schneller reisen kannst und nimmst nur einen Diener mit – Pierre, der dich schon seit vielen Jahren begleitet. Ihr verlasst London und treibt eure Pferde nordwärts.

Zwei Tage lang verläuft eure Reise ohne besondere Vorkommnisse. Am dritten Tag reitet ihr über ein Stück der Straße, das von Bäumen gesäumt ist. Du unterhältst dich mit Pierre auf Französisch, da er keine andere Sprache versteht. Ihr fürchtet auch keine Banditen, denn England ist ein friedliches Land, in dem kein Mann die Hand gegen einen anderen erhebt. Plötzlich hörst du ein Rascheln im Unterholz am Straßenrand und eine Gruppe Bauern springt hervor, bewaffnet mit Äxten und Mistgabeln.

Sie haben euch auf Französisch reden hören und glauben, ihr seid Verbündete von Wilhelm. Sie stürmen auf euch zu.

Wirst du gegen sie kämpfen (weiter bei **199**) oder wirst du versuchen, ihnen zu Pferde zu entkommen (weiter bei **38**)?

251
Du weißt, dass du vom Pferd aus im Nachteil wärst und steigst ab, bevor du dich zum Kampf bereit machst.

> ***Erster flämischer Soldat***
> Speer 6   Leben 2
> ***Zweiter flämischer Soldat***
> Speer 5   Leben 3

Du darfst beide gemeinsam angreifen. Wenn du das tust, halbiere deine Fertigkeit.

Wenn du triffst, verwundest du sie beide, aber wenn du scheiterst, musst du für jeden einzeln würfeln.

Wenn du gewinnst, lies weiter bei **67**. Wenn du verlierst, lies weiter bei **122**.

252
Der Derwent liegt vor dir. An beiden Seiten des Flusses lagert Hårdrades Armee. Er hat sich anscheinend nicht die Mühe gemacht, Wachen an der Straße aufzustellen, so dass euer Anmarsch bis auf wenige Meilen heran unbemerkt bleibt.

Als ihr die letzten paar hundert Meter zu einer Anhöhe zurücklegt, um einen Überblick über den Fluss zu bekommen, siehst du das hektische Treiben im Lager der Wikinger.

Eine Einheit wurde auf eurer Seite der Brücke aufgestellt, aber die Hauptmacht formiert sich auf der anderen Seite zu einem Schildwall. Hårdrades unverwechselbares Banner, der „Verwüster", flattert über seiner Leibgarde von Axtkämpfern.

Überrascht siehst du, dass Graf Tostigs Schlachtfahne ebenfalls über den dichtgedrängten Männern weht. Die beiden Feinde haben sich also zusammengeschlossen!

Harold gibt Befehl, die Nordländer sofort anzugreifen und die Brücke einzunehmen. Wirst du beim Hauptheer bleiben (weiter bei **270**) oder wirst du vorreiten und die Brücke angreifen (weiter bei **298**)?

253
Am Ende des zweiten Marschtages hat der Zug die Ufer des Welland erreicht, knapp auf halbem Weg zwischen London und York. Deine Bewunderung für den König wächst mit jeder Stunde, in der er sich weigert, langsamer zu werden oder zu rasten und seine Truppen mit einer Schnelligkeit antreibt, die selbst offizielle Boten im Alleingang kaum halten können.

Der Tag verlief ohne Ereignisse, mal abgesehen von den Strömen der Männer, die sich dem König auf seinem Weg nach Norden anschließen.

Als du dich gerade zum Schlafen legst, reitet ein Späher von Norden her ins Lager. Er wird sofort zu Harold gebracht und du folgst, auf Nachrichten hoffend.

Weiter bei **98**.

254
Du zitterst vor Furcht darüber, was der König von dir wollen könnte. Du wirst in seinen Audienzsaal geführt und verbeugst dich tief vor ihm. Er begrüßt dich mit einem Nicken und einem Lächeln.

„Ich möchte Euch erneut um Eure Dienste bitten, DeBouard", sagt er, „und zwar in der Normandie."

Du versuchst erst gar nicht so zu tun, als würdest du nicht verstehen. Auge in Auge mit Harold musst du dich entscheiden. Wirst du für den König gegen Herzog Wilhelm spionieren, dann lies weiter bei **256**. Wenn du dich weigern willst, lies weiter bei **267**.

255
Du fällst von deinem Pferd und stürzt auf den Boden. Eine dumme Art zu sterben, getötet von den Leuten, die man beschützen sollte!

Dein Abenteuer endet hier.

256
Der König übergibt dir eine Nachricht, die du Wilhelm überbringen sollst. Unter diesem Deckmantel sollst du seine Vorbereitungen auf den Krieg und die Stimmung unter seinen Adligen ausspionieren. Du setzt von Folkestone aus sicher über.

Weiter bei **244**.

257
Der Herzog marschiert bereits, als du ihn erreichst. Andere Kundschafter haben Wilhelm bereits über Harolds Bewegungen informiert und er hat entschieden, Harold zur Schlacht zu stellen, bevor noch mehr Engländer eintreffen.

Du schätzt die Stärke des feindlichen Heeres auf weniger als 10.000 Mann. Wilhelm nickt, als du ihm sagst, dass wahrscheinlich kaum ein Viertel davon richtige Soldaten sind.
„Bleibt bei mir und lasst mich an Eurer Erfahrung teilhaben, deBouard", sagt er.

Weiter bei **151**.

258
Als du dein Reittier langsam rückwärts den Hügel hinunter führst und immer noch die Angriffe der englischen Frontlinie abwehrst, siehst du einen Speer auf dich zufliegen, dessen Spitze noch von seinem letzten Opfer blutig ist.

Du musst auf deine *Schnelligkeit* setzen, um ihm zu entgehen. Bei Erfolg darfst du bei **217** weiterlesen. Wenn du aber scheiterst, geht es ab zu **122**.

259
Du bewegst dich einige hundert Meter nach Osten und untersuchst dabei das Flussufer ständig nach Hinweisen auf eine Furt. Glücklicherweise findest du eine. Du steigst von deinem Pferd ab und gibst einigen Männern den Befehl, Harold Meldung zu machen.

Vorsichtig überquerst du den Fluss und hältst Ausschau nach Fallen oder auf der Lauer liegenden Wikingern, kannst aber nichts entdecken. Ihre Hauptarmee ist von dir aus gesehen durch ein kleines Wäldchen verdeckt. Du beschließt, auf Verstärkung zu warten, bevor du weiter vordringst.

Weiter bei **118**.

260
Du entscheidest dich, weiterzuziehen und reitest nordwärts. Du nimmst eine Abkürzung, mit dem Ergebnis, dass du von der Straße abkommst und dich in einem dichten Wald wiederfindest.

Du führst dein Pferd beim Zügel und folgst einem schmalen Trampelpfad. Du treibst dich selbst voran, mit dem Ziel, Northumberland so schnell wie menschenmöglich zu erreichen.

Plötzlich hörst du durch die Stille des Waldes hindurch ein furchterregendes Geräusch. Ein tiefes Grunzen, gefolgt von Hufscharren auf dem mit Laub übersäten Boden. Als du dich umdrehst, siehst du einen wilden Eber auf dich zustürmen!

Du ziehst dein Schwert, obwohl du weißt, dass es zu spät ist. Das Tier hat dich bald erreicht. Da wirft sich dein Page zwischen dich und die Bestie und wird im selben Augenblick von den furchtbaren Hauern aufgespießt.

Er schreit laut auf und wird plötzlich still.

Der Eber macht ein paar Schritte zurück und schüttelt sich, um den Leichnam abzuschütteln, was dir Zeit gibt, dein Pferd an einem Baum fest zu machen und dein Schwert zu ziehen. Dann stürmt er auf dich zu...

Du musst den wilden Eber bekämpfen. Seine Hauer werden bei jedem Treffer zwei Wunden verursachen und du kannst seinen Angriff nicht parieren. Statt auf seine Angriffe zu würfeln, legst du jedes Mal eine *Schnelligkeitsprobe* ab, um seinen Angriffen auszuweichen. Wenn du dabei scheiterst, wirst du getroffen und musst die zwei Treffer hinnehmen.

Du selbst greifst den Eber ganz normal an.

Wilder Eber
Keine Fertigkeit   Leben 6

Wenn du gewinnst, lies weiter bei **80**. Wenn du versagst, lies weiter bei **149**.

261

Es scheint dir das Beste, in London zu bleiben und so verbringst du vier Tage damit, die Meldungen aus dem Rest des Landes zu verfolgen.

Die Fyrd wurde gerufen und ihre Mitglieder postieren sich entlang der Südküste, von Plymouth bis Dover. Nachts wird die Küste von ihren Leuchtfeuern erhellt.

Ständig treffen in der Stadt weiter Bitten um Hilfe bei der Organisierung der Wachen ein, aber du bleibst weiter in London, dem Zentrum des landesweiten Straßennetzes.

Plötzlich, Ende April, ist seit dem 24. ein Zeichen am Himmel zu sehen. Ein feuriger Stern mit einem hellen Schweif erstrahlt am Nachthimmel. Selbst bei Tageslicht kann man ihn deutlich leuchten sehen.

Du nimmst dies als Omen, dass du dich mehr an der Verteidigung deiner Wahlheimat beteiligen sollst und reitest nach Bosham, wo Harold seinen Kommandoposten aufgeschlagen hat.

Weiter bei **238**.

262

Die Wachen rund um Aelfwig, den Abt von Winchester, werden erschlagen und er sieht dich fest an, als du ihn erreichst. Er hebt sein Schwert zum Salut oder Segen, bevor er auf dich zuspringt.

Aelfwig
SCHWERT 8   LEBEN 3

Wenn du gewinnst, lies weiter bei **107**. Wenn du verlierst, bei **29**.

263

Als die Nacht hereinbricht, errichtet die normannische Armee ihr Lager auf den Senlac-Hügeln. Wilhelm hat einigen seiner Männer befohlen, die Toten einzusammeln, aber durch die

Plünderungen und Leichenfledderei, die eine Schlacht mit sich bringt, es ist schwierig ihre Identität festzustellen.

Erschöpft wankst du zu einem freien Platz auf dem Boden, bindest dein Pferd an und schläfst fast sofort ein. Als du aufwachst bist du bei **236**.

264

Endlich hört dich einer der Bauern rufen und versteht, was du sagst. Er ruft die anderen und sie ziehen sich zurück.
Du steckst dein Schwert ein und steigst ab.

„Ich bin Hugh DeBouard, ein enger Freund des Königs. Beendet den Kampf."

Als sie bemerken, dass du kein normannischer Eindringling bist, entschuldigen sich die Bauern und laden dich in ihr Dorf ein. Aber du lehnst ab, als du auf die Leichen von drei Bauern und zweien deiner Begleiter siehst.

Was für ein hoher Preis für die Verdächtigungen, die der Klang deiner Stimme verursacht!

Weiter bei **182**.

265

Ihr reitet unter der Parlamentärflagge über die tote Erde zwischen den beiden Armeen und du kannst Tostig sehen, der zwischen seinen Soldaten hervortritt. Harold trägt immer noch seinen Helm, so dass niemand außer dir, seinem Gefolge und seinem Bruder Tostig weiß, wer er ist.

„König Harold ist gewillt, Tostig die Grafschaft Northumberland zurückzugeben, wenn er Hårdrade, dem Eindringling, entsagt und in den englischen Schoß zurückkehrt", ruft er.

„Ferner ist der König bereit, ihm ein Drittel von ganz England zu überlassen, wenn die Rückgabe der Grafschaft ihm nicht zusagt oder ausreicht."

Tostig guckt verwirrt, bevor er antwortet:
„Und was wird er Harald Hårdrade überlassen?"
Harold schaut hinter seinen Bruder, um einen Blick auf den norwegischen König zu werfen, bevor er antwortet. „Sieben Fuß englischen Bodens, oder vielleicht ein bisschen mehr, da er größer ist als andere Männer", antwortet er barsch.

Tostig sieht seinen Bruder an und schüttelt den Kopf. „Dann sagt König Harold, dass es keinen Frieden geben wird, denn ich, Tostig, werde nicht diejenigen verraten, die mir in der Not beigestanden haben. Lebt wohl!" Harold zuckt mit den Schultern und lenkt sein Pferd herum. Du folgst ihm zurück in die englischen Linien.

Weiter bei **233**.

266
Die Ritter, die den König angreifen, haben seine Leibwächter überwunden und kämpfen nun gegen Harold selbst. Nur vier Normannen überleben, aber das reicht aus und du fragst dich, warum Harold sich nicht früher zurückgezogen hat. Jetzt ist es zu spät, denn jetzt steht ihm nur noch ein Leibwächter gegen die Angreifer bei.

Wirst du losreiten, um an seinem Tod teilzuhaben (weiter bei **195**) oder bleiben wo du bist und zusehen (weiter bei **197**)?

267
Der Kontakt mit dem König bleibt wie gewohnt und im späten Frühling lässt der König verkünden, dass er mit einer Invasion aus der Normandie rechnet. Er lässt eine Proklamation ausru-

fen, dass alle Mitglieder der Fyrd – der Armee Englands, vorrangig aus Bauern bestehend – sich versammeln und an der Südküste postieren sollen, um sie im Falle eines Angriffs zu verteidigen.

Diese Aufgabe erfordert einiges an Organisation. Möchtest du dich daran beteiligen (weiter bei **179**) oder bei Hofe bleiben, um die Neuigkeiten aus dem gesamten Königreich zu verfolgen (weiter bei **261**)?

268
Hinter dir hörst du das Scheppern einer Rüstung und drehst dich schnell in defensiver Haltung herum. Es ist Harold. Er sieht zutiefst traurig aus, aber sagt zu dir: „Gut gekämpft, Hugh. Sie sind endlich in die Flucht geschlagen. Ich betrauere Tostig, aber ich habe ihm jede Möglichkeit gegeben."
„Ihr habt ihm eine ehrenhafte Wahl gelassen", bestätigst du ihm.

Er nickt und zusammen folgt ihr den fliehenden Nordländern.

Werdet ihr sie zu Fuß verfolgen (weiter bei **97**) oder euch nach Pferden umsehen (weiter bei **40**)?

269
Während du dich mit den anderen den Hügel hinunter zurückziehst, siehst du Herzog Wilhelm hervor reiten, um die Gerüchte über seinen Tod zu widerlegen. Er nimmt seinen Helm ab und befiehlt euch, sich um ihn herum zu sammeln.

Als du dein Pferd wendest, riskierst du einen Blick über die Schulter und siehst, dass ein Teil der Angelsachsen närrischerweise die Formation verlassen haben und jetzt den Hügel hinab stürmen. Auch Wilhelm hat sie entdeckt und befiehlt einen Gegenangriff der Kavallerie.

Als das Donnern der Hufe an dir vorbeizieht, wendest du dein Pferd erneut und schließt dich ihnen an.

Weiter bei **287**.

270
Harolds Armee stößt weiter vor und schwärmt aus, um das Ufer gegenüber von Hårdrades Streitmacht zu sichern. Es muss noch einen anderen Weg hinüber geben, denkst du.

Wirst du losgehen und nach einer Furt Ausschau halten (weiter bei **259**) oder mit Harold abwarten (weiter bei **191**)?

271
Erneut schlägt der Angriff der Kavallerie fehl. Der englische Schildwall ist immer noch intakt. Du reitest wieder den Hügel hinunter und machst bei Wilhelm Meldung.

Weiter bei **186**.

272
Du reitest zur Residenz des Königs bei Bosham. Während du reist, siehst du, das die Felder brach liegen und die Dörfer von Frauen, Kindern und den Alten bewohnt werden.

Es scheint, als warte jeder fähige Mann darauf, dass Wilhelm sich in Bewegung setzt.

Schließlich erreichst du Bosham, wo der Kern von Harolds Armee rund um sein Anwesen Lager aufgeschlagen hat. Es ist schwierig, Harold zu erreichen; deine Kleidung ist auffallend und viele erkennen dich als Normannen.
Zum Glück erkennt dich einer von Harolds Brüdern und führt dich zum König.

Harold ist in ernsthafter Stimmung, heißt dich aber herzlich willkommen. Du berichtest ihm von deinen Beobachtungen der normannischen Armee auf der anderen Seite des Kanals. Er lauscht aufmerksam deinen Ausführungen.

„Wenigstens ein Normanne, dem ich vertrauen kann", sagt er.
Du lächelst und wartest auf neue Befehle.

„Wollt Ihr mir nicht helfen? Ich brauche fähige Männer, die die Fyrd organisieren", sagt er.
„Natürlich, mein Herr", antwortest du.

Er fährt fort: „Dann reitet nach Arundel und kümmert Euch um die dortige Fyrd."

Weiter bei **179**.

273

Die normannische Infanterie gerät angesichts eines derart entschlossen Widerstandes ins Wanken. Schon tritt sie den Rückzug an. Du schaust über die Schulter eines stämmigen Angelsachsen und siehst, dass die normannische Reiterei wieder einmal anrückt und erneut stellst du dich auf den bevorstehenden Kampf ein.

Sie greifen aber nicht den Schildwall an, sondern bleiben mehrere Meter davor stehen und schleudern ihre Wurfspeere in die dicht gedrängten Männer.

Ihr zahlt es ihnen mit gleicher Münze heim. Ein Hagelsturm ähnlicher Geschosse fliegt aus den Reihen der Bauern auf die Reiter zu und verlangt viele Opfer.

Die bretonischen Reiter verlassen ihre Formation und hasten wieder den Hügel hinunter.

Ohne zu überlegen rennst du ihnen hinterher, mit Dutzenden anderer an deiner Seite. Knapp neunzig Meter von dir entfernt siehst du einen Bretonen, der sein Pferd nicht zur Umkehr bewegen kann und als du auf ihn zu rennst, zieht er schnell sein Schwert.

Bretone
SCHWERT 7   LEBEN 3

Obwohl er beritten ist, hat er keinen Vorteil und du darfst ihn normal angreifen. Wenn du gewinnst, lies weiter bei **241**.

Wenn er dich aber besiegt, lies weiter bei **132**.

274
Du hattest gehofft, mit ihr noch ein paar Tage mehr verbringen zu können, aber die Ereignisse fordern deine sofortige Rückkehr in den Süden.

Nachdem du ihr Lebewohl gesagt hast und sichergestellt hast, dass mehrere Wachen zu ihrem Schutz bereit stehen, reitest du widerwillig zurück nach London.

Zum Glück verläuft die Reise ohne Zwischenfälle, obwohl du ständig mit Angriffen treuer, aber unwissender Einwohner rechnest. Als Vorsichtsmaßnahme sprichst du nur in der üblichen Landessprache, nicht in deiner Muttersprache aus der Normandie.

Als du Harolds Palast erreichst, teilt dir sein Diener mit, dass er seine Residenz nach Bosham verlegt hat, weiter südlich. Nachdem du genügend Proviant eingepackt und einer kleinen Eskorte zugestimmt hast, reitest du weiter zu Harolds Hauptquartier.

Weiter bei **174**.

275

Die Bauern liegen tot zu deinen Füßen und du dringst weiter vor. Zu deinem Erstaunen hast du den Schildwall der Angelsachsen durchbrochen. In etwa vierhundertfünfzig Metern Entfernung steht Harold und beobachtet besorgt die Schlacht.

Er ist umringt von seiner persönlichen Leibgarde und vier von ihnen kommen geradewegs auf dich zu. Es gibt hier keine Möglichkeit zum Rückzug und diese Männer sind die Elite der englischen Streitmacht.

Allein, zu Fuß und erschöpft bereitest du dich auf das Zusammentreffen mit ihnen vor.

Erster Leibwächter
SCHWERT 10   LEBEN 4
Zweiter Leibwächter
SCHWERT 9   LEBEN 5
Dritter Leibwächter
SCHWERT 9   LEBEN 4
Vierter Leibwächter
SCHWERT 11   LEBEN 3

Wenn du unbeschadet überlebst, lies weiter bei **88**.

Ansonsten lies weiter bei **132**.

276

Der zweite Ansturm der Kavallerie an diesem Tag ist keinen Deut besser als der erste. Die Ritter krachen in den sturen Widerstand der angelsächsischen Front und die Äxte von Harolds Huscarls richten die Pferde übel zu.

Wilhelm befiehlt einen erneuten Rückzug und wieder folgen einige übereifrige Engländer den fliehenden Reitern. Und wieder werden diejenigen, die so töricht waren, den Schutz des

Heeres zu verlassen, eingekesselt und niedergemetzelt. Aber der Angriff ist dennoch fehlgeschlagen und Wilhelm muss sich etwas einfallen lassen.

Weiter bei **186**.

277

Bereitwillig stimmst du zu. Er nickt zufrieden.

„Guter Mann!", antwortet er und schenkt dir noch etwas Wein nach. Nachdem du ausgetrunken hast, gibt er dir Anweisung, ihm durch falsche Briefe an deinen Bruder Bericht zu erstatten. Dann ruft er nach einem Diener und befiehlt ihm, Boten auszuschicken, damit noch diese Woche ein Schiff nach England bereit liegt.

„Seid vorsichtig" sind seine letzten Worte. „Harold ist kein Narr. Aber bald wird der rechtmäßige Erbe auf Englands Thron sitzen, so Gott will."

Er entlässt dich und du verbringst die nächsten paar Tage damit, deine Verwandten in der Normandie zu besuchen. Allzu bald schon segelt das Schiff von Eu los und mit gemischten Gefühlen siehst du den Hafen von Folkestone aus dem Nebel auftauchen.

Nachdem du gelandet bist, musst du eine wichtige Entscheidung treffen. Wem gilt deine Loyalität? Wenn du voll und ganz Wilhelms Mann bist, lies weiter bei **86**. Bist du aber Harold treu ergeben, lies weiter bei **295**.

278

Du weißt genau, dass du nicht auf den König warten kannst und ganz gewiss schneller reisen kannst als jede Armee, also reitest du schnell von deinem Anwesen aus los, von nur einem einzigen Pagen begleitet. Die anderen Mitglieder deines Haushaltes haben sich der Fyrd angeschlossen, wie es ihre Pflicht ist.

Am Nachmittag seid ihr knapp 50 Kilometer geritten und habt Hatfield erreicht. Werdet ihr hier nach einer Unterkunft suchen (weiter bei **119**) oder werdet ihr weiterreiten, solange es noch hell ist (weiter bei **260**)?

279
Während du zusiehst, verletzt einer der Ritter – Montford – Harold schwer am Bein. Der König wankt und geht zu Boden, wo die anderen ihn einkreisen und unbarmherzig auf ihn einstechen und hacken. Einer der anderen Ritter – Ponthieu – hackt und schlägt noch auf ihn ein, selbst nachdem er schon längst tot ist, sticht und zerschneidet seinen Leichnam. Als du das siehst, kannst du deine Wut nicht mehr unterdrücken, reitest auf ihn zu und schlägst ihm ins Gesicht. Er hört auf und funkelt dich wütend an, zeigt aber sonst keine Reaktion.

Montford besteigt sein Pferd und macht sich dran, die Überreste des englischen Heeres zu verfolgen, das die Flucht ergreift. Wirst du dich ihm anschließen (weiter bei **297**) oder hier bleiben und auf Wilhelm warten (weiter bei **51**)?

280
Das Leben bei Hofe geht wie gewohnt weiter und als das Wetter wärmer wird, jagst und reitest du mit den anderen Höflingen. Du weißt, dass es zum ständigen Nachrichtenwechsel zwischen König Harold und Herzog Wilhelm kommt, aber über den Inhalt der Botschaften weißt du nichts.

Jedenfalls beobachtet dich der König immer öfter und deine Nervosität steigt mit jedem Tag. Vielleicht hält er dich wegen deiner normannischen Herkunft für einen möglichen Verräter.

An einem Maitag spitzt sich die Lage zu. Du wirst vom König vorgeladen. Wirst du gehorchen (weiter bei **254**) oder wirst du versuchen, so schnell wie möglich aus London zu fliehen (weiter bei **74**)?

281

„Ich stimme Euch zu", sagt der Herzog der Normandie. „Wir müssen damit fortfahren, Harold zu zermürben. Seine Männer sind undiszipliniert und vielleicht können wir noch mehr durch Finten in die Falle locken. Wir dürfen uns nicht aus dieser Schlacht zurückziehen. Jeder Tag, den wir vergeuden, lässt den englischen Widerstand bis zur nächsten Begegnung nur noch stärker werden."

Er scheint froh zu sein, dass du ihm zustimmst.

Lies jetzt weiter bei **193**.

282

Nachdem du eines der Schiffe bestiegen hast, setzt es Segel Richtung Themse und London. Ein Sturm zieht auf und viele der Schiffe zerbrechen und versinken auf der kurzen Fahrt, aber deines kommt sicher an. Nachdem du in der Hauptstadt angekommen bist, denkst du natürlich zuerst an deine Frau und deine Anwesen im Norden, entscheidest dich aber, des Königs Rückkehr abzuwarten, bevor du ihn verlässt.

Das ist auch gut so. Kaum ist Harold nach London zurückgekehrt, als Meldungen eintreffen, dass Herzog Wilhelm versucht hat, den Kanal zu überqueren. Der selbe Sturm, der so viele englische Schiffe versenkt hat zwang ihn aber, im Hafen von Saint-Valery Zuflucht zu suchen. Am Hofe ist man erfreut – Wilhelm hat es versucht und ist gescheitert. Der König erkrankt jedoch nach den Strapazen der letzten Monate und sein schlimmes Bein zwingt ihn, im Bett zu bleiben.

Aber nur wenige Tage später, am 19. September, trifft ein Bote mit einer furchtbaren Nachricht aus dem Norden ein. König Harald Hårdrade von Norwegen ist gelandet und zieht plündernd und brandschatzend Richtung Süden. Die Stadt Scarborough steht bereits in Flammen!

Bei dieser Neuigkeit verlässt der König sein Bett und gibt Order, dass sich seine Huscarls sofort zum Marsch bereit machen sollen.

Wartest du, bis die Armee zum Aufbruch nach Norden bereit ist (weiter bei **240**) oder machst du dich, in Sorge um die Sicherheit deiner Frau, sofort auf den Weg (weiter bei **278**)?

283
Katzenhaft landest du auf deinen Füßen und hast für dein Schwert in der Hand auch gleich Verwendung. Vier Huscarls sind fast bei dir.

Erster Huscarl
SCHWERT 8   LEBEN 3
Zweiter Huscarl
AXT 7   LEBEN 3
Dritter Huscarl
AXT 7   LEBEN 2
Vierter Huscarl
SCHWERT 9   LEBEN 4

Wenn du es schaffst, sie alle zu besiegen, lies weiter bei **228**. Wenn nicht, bei **159**.

284
Wilhelm schüttelt wild den Kopf.
„Nein, nein!", sagt er. „Wir müssen diese Schlacht gewinnen. Um jeden Preis." Er studiert einige Minuten lang die engli-

schen Reihen, während die Kavallerie mehrere Scheinangriffe führt, um die Angelsachsen beschäftigt zu halten. Dann seufzt er und ruft nach dem Hauptmann der Bogenschützen.

„Schießt über den Schildwall hinweg in die ungeschützten Bauern dahinter", sagt er. „Nachdem ihr alle verbleibenden Pfeile abgeschossen habt, werden wir mit jedem Mann den wir haben einen neuen Angriff starten."

Er wendet sich ab und ruft nach seinem Pferd. Nachdem er aufgestiegen ist, geht es weiter bei **225**.

285

Deine Reise nach London verläuft ohne Zwischenfälle. Mit jeder Meile, die du nach Süden reitest, siehst du immer mehr Truppen, die sich zum Marsch bereit machen. Du erreichst London am 4. Oktober und gehst direkt zu FitzWimark.

Wenn du ein normannischer Spion bist, lies weiter bei **81**.
Wenn du aber Harold treu ergeben bist, lies weiter bei **291**.

286

Plötzlich kommt Wind auf und der Kapitän meint, er reiche aus, um sofort Segel zu setzen. Ihr kommt nur langsam voran und du langweilst dich, aber schon bald kannst du vor dir die Klippen von Dover sehen.

Am Hafen herrscht ungewöhnlich reges Treiben, aber niemand stellt dir Fragen und so kommst du unbehelligt aus der Stadt. Ein Pferd steht für dich bereit und mal wieder bist du mit deinen Gedanken alleine.

Fernab von Wilhelms Drohungen und Versprechen bist du nun frei, um zu entscheiden, was du tun sollst. Wenn du für Wilhelm spionieren willst, lies weiter bei **202**.

Wenn du aber zu Harold zurückkehren und ihm von deinen Beobachtungen in der Normandie erzählen möchtest, lies weiter bei **272**.

287

Klugerweise führt Wilhelm die normannische Kavallerie gegen die Flanke der verwegenen Angelsachsen und schon bald lösen sich ihre Reihen im Rückzug auf.

Überall um dich herum kämpfen Reiter gegen Bauern. Zwei Bauern kommen direkt auf dich zu. Du musst gegen sie kämpfen.

Erster Bauer
AXT 5   LEBEN 3
Zweiter Bauer
SCHWERT 5   LEBEN 2

Wenn du gewinnst, lies weiter bei **56**. Wenn nicht, bei **153**.

288

Als du die Abtei von Fécamp in Pevensey erreichst, wo Wilhelm sein Lager aufgeschlagen hat, wirst du begrüßt und zum Herzog geführt.

Er fragt nach FitzWimarks Befinden und zögernd gibst du zu, dass du ihn getötet hast.

Bei dieser Nachricht verfinstert sich Wilhelms Gesicht und er ruft nach seinen Wachen. Bevor du dein Schwert ziehen kannst, wirst du überwältigt und gefangen genommen.

Deine Hinrichtung erfolgt schnell und ohne Zeremonie.

Dein Abenteuer ist hier zu Ende.

289

Du nimmst so viele Männer mit, wie das Anwesen entbehren kann und reitest los, um dich mit Edwin und Morkere zu treffen. Sie grüßen dich und die Streitmacht, die sie aufgestellt haben, zieht in Richtung Küste. Kundschafter berichten über die Lage von Tostigs Schiffen und so zieht ihr zu einer kleinen Bucht, dem letzten bekannten Aufenthaltsort der Flotte. Als ihr dort ankommt, seht ihr, dass die Schiffe zur Landung ansetzen.

„Kommt!", ruft Morkere, der sich in seinem Sattel aufstellt und zu seinen Männern zurücksieht. „Wir müssen verhindern, dass dieser Exilant seinen Fuß auf englischen Boden setzt!"

Die Männer stürmen vor – es gibt nicht einen unter ihnen, der gegen den verbannten Grafen, der hier einst geherrscht hat, keinen Gräuel hegt. Du springst vom Pferd und wirst mit der vorderen Reihe weitergetrieben, als die Schiffe das seichte Wasser erreichen.

Weiter bei **164**.

290

„Ich werde Wilhelm keine Nachricht von Euch überbringen", sagst du fest entschlossen.
FitzWimark scheint von deiner Ablehnung enttäuscht zu sein.
„Und ich kann Eure Meinung nicht ändern?", fragt er.
„Nein", antwortest du.

„Ich kann Euch nicht von hier fort lassen, wenn ihr meinem Plan nicht zustimmt", sagt er und erhebt sich von seinem Platz. Du siehst seine Hand zum Griff seines Schwertes gleiten und stehst auf. Es sieht so aus, als müsstest du gegen deinen Landsmann kämpfen, um hier lebend heraus zu kommen.

FitzWimark zieht sein Schwert…

Robert FitzWimark
SCHWERT 8   LEBEN 3

Wenn du gewinnst, lies weiter bei **211**. Wenn du verlierst, lies weiter bei **123**.

291
FitzWimark ist überrascht, dich zu sehen, empfängt dich aber herzlich.

„Herzog Wilhelm ist bei Pevensey gelandet", sagt er. „Ich brauche jemandem, dem ich vertrauen kann und der ihm diese Nachricht überbringt. Jemand muss ihm sagen, dass er kaum eine Chance hat, eine Schlacht gegen König Harold zu gewinnen und sich in die Normandie zurückziehen muss, bevor es zu spät ist."

Wirst du zustimmen, zu Wilhelms Lager zu reisen (weiter bei **100**) oder dich weigern (weiter bei **290**)?

292
Über den Lärm der klirrenden Waffen hinweg erschallt ein Ruf: „Hårdrade ist tot!" Einige Angelsachsen lassen sich bereits zurückfallen, da sie mit einer erneuten Aufforderung an die Norweger rechnen, sich zu ergeben.

Weiter bei **57**.

293
England ist keineswegs erobert. Es gibt noch viel zu tun für den neuen König und so manche Rebellion muss niedergeschlagen werden, bevor er sich entspannen und darüber nachdenken kann, die Normandie wieder zu besuchen. Aber Wilhelm stürzt sich mit aller Energie voll und ganz in die Arbeit.

Etwa eine Woche nach seiner Krönung wirst du zum König bestellt. Er begrüßt dich mit einem Lächeln.

„Willkommen, Hugh", sagt er. „Ich habe Euch nicht vergessen und endlich bin ich in der Lage, Euch für Eure Anstrengungen zu belohnen. Euer Anwesen in Northumberland wurde auf die doppelte Größe erweitert und ich habe vor, Euch zum Baron zu erheben. Seid Ihr damit einverstanden?"

Glücklich stimmst du zu und brichst am nächsten Tag in deine neuen Ländereien im Norden auf.

Dein Abenteuer ist hier zu Ende, aber wenn du wissen möchtest, was aus England und Wilhelm wird, lies weiter bei **300**.

Gratulation!

294
Zwei weitere stämmige Huscarls kommen auf dich zu. Du musst gegen sie kämpfen.

Erster Huscarl
Schwert 6   Leben 2
Zweiter Huscarl
Schwer 8   Leben 1

Wenn du gewinnst, lies weiter bei **117**. Wenn nicht, bei **132**.

295
Als du wieder in London eintriffst, gehst du sofort zum König und erzählst ihm alles, was sich in der Normandie zugetragen hat.

Schweigend sitzt er einige Minuten lang da. Dann lächelt er.

„Mein Cousin ist also auf den Krieg vorbereitet", sagt er. „Aber ich denke, Hunde die bellen, beißen nicht. Der Kanal ist eine hervorragende Barriere gegen eine Kavallerie!"

Er kichert, dann sieht er dich an und wird etwas nachdenklicher.

„Das habt Ihr gut gemacht", lobt er dich. „Ich muss jetzt schwer darüber nachdenken, wie ich aus Euren Berichten den größten Nutzen ziehen kann. Kehrt zu Euren normalen Tätigkeiten zurück, bis ich nach Euch schicken lasse."

Mit einer Verbeugung verlässt du ihn und kehrst in deine Gemächer zurück.

Bald wird das Wetter wärmer und der Hof beschäftigt sich wie üblich mit der Jagd und Falknerei. Der König ist immer öfter mit Staatsangelegenheiten beschäftigt und du siehst ihn kaum noch, bis du von ihm an einem Spätfrühlingstag gerufen wirst.

Weiter bei **198**.

296

Bei Morgengrauen marschiert ihr nach Süden. Einige der Thane und ihrer Truppen können jedoch nicht so schnell aufbrechen, wie Harold möchte und so erlaubt er ihnen, nach Hause zurückzukehren.

Er schickt viele Reiter voraus, die die Städte entlang der Route von seinem Anmarsch in Kenntnis setzen sollen, und lässt befehlen, dass sich ihre Truppen zum Abmarsch bereit halten sollen.

Das erste Lager wird achtzig Kilometer südlich von York aufgeschlagen. Wirst du bei Harold bleiben (weiter bei **21**) oder wirst du alleine weiterreiten (weiter bei **285**)?

297

Zusammen mit Montford donnerst du die andere Seite der Senlac-Hügel hinab und verfolgst die fliehenden Überreste des angelsächsischen Heeres.
Der Boden, über den ihr reitet, ist übersät mit Toten und Schwerverletzten.

Eustach de Boulogne schließt sich der Verfolgung an und reitet euch voraus. Nach nur ein paar hundert Metern bemerkt ihr einen tiefen Abgrund, der fast wie durch Zauberei plötzlich vor euren Pferden auftaucht.

Eustach vor dir hat die Grube nicht rechtzeitig bemerkt und beim verzweifelten Versuch, die Lücke zu überspringen, scheitert er und fällt vom Pferd. Einige andere Ritter, die bei ihm waren, scheitern ebenfalls bei dem Versuch und du siehst, dass der Boden der Grube mit Männern und Pferden übersät ist, von denen sich nur noch wenige bewegen.

Auf der anderen Seite der Grube nutzen viele der fliehenden Engländer ihren Vorteil und schießen Pfeile und Wurfspeere nach dir und deinen Begleitern.

Wirst du die Verfolgung abbrechen (weiter bei **129**) oder versuchen, den Graben zu überspringen (weiter bei **13**)?

298

Die norwegischen Soldaten sind zwar entschlossen, um ihr Leben zu kämpfen, aber schlecht ausgerüstet. Viele von ihnen haben ihre schweren Kettenhemden auf ihren Schiffen bei Ricall gelassen. Sie haben nicht so früh mit Harold und seiner Armee gerechnet.

Die meisten der Wikinger fallen in der ersten Angriffswelle, aber ein harter Kern ausgewählter Axtkämpfer hält immer noch den Zugang zur Brücke.

Du treibst dein Pferd vorwärts und preschst in sie hinein, wobei viele wie die Kegel umfallen. Mitten vor dir steht aber noch ein Nordländer.

Du musst ihn mit deinem Schwert bekämpfen.

Nordländer
Axt 7   Leben 3

Wenn du gewinnst, lies weiter bei **10**. Wenn du verlierst, lies weiter bei **112**.

299
Die Norweger verändern leicht ihre Formation, um sich der anstürmenden Armee zu stellen. Die Angelsachsen schwärmen aus und stehen wieder als Armee vereint.

Die Trompete ertönt und du stehst zum Ansturm bereit.

Weiter bei **9**.

300

Die nächsten Jahre sind geprägt durch mehrere Aufstände durch die Engländer gegen den neuen normannischen Adelsstand, allen voran den König. Einige Teile des Landes versuchen, mit anderen europäischen Mächten wie Dänemark eine Allianz zu schließen und den neuen Herrscher abzusetzen.

Aber sie alle werden wirksam zerschlagen.

Wilhelm, der ein durchaus weiser Herrscher ist, versucht die Stimmung im Volk zu verbessern, indem er viele englische Adlige mit wichtigen Ämtern betraut, wobei die Normannen immer noch die wahre Macht haben.

Um seinen Einfluss im Land zu sichern, ließ Wilhelm eine Volkszählung anfertigen – das Domesday Book, um mit den darin enthaltenen Informationen sein Volk besser regieren zu können. Trotz der vielen Aufstände starb Wilhelm friedlich in seinem Bett.

Die Invasion verändert das Leben der Menschen in England.

Die Normannen erlassen eine Reihe von Gesetzen und ein starres Regierungssystem, das den Bauern unter Edward und Harold unbekannt war.

Obwohl die Normannen bemüht sind, die alten Wege beizubehalten und Veränderungen langsam vorzunehmen, so muss die Invasion der Normannen jedem Engländer dieser Zeit wie eine Katastrophe vorgekommen sein.

Ende

Geschichtlicher Hintergrund

Dieses Spielbuch befasst sich mit einem der einschneidensten Ereignisse der englischen Geschichte. Die Normannische Invasion im Jahr 1066, eine Jahreszahl, die heute jedem englischen Schulkind bekannt ist, beendete politisch gesehen die Epoche der Angelsachsen, welche seit mehr als 600 Jahren das Bild Englands geprägt hatten.

Selbst der Name „England" geht auf dieses Volk zurück: Im Altenglischen, der Sprache der Angelsachsen, war die Bezeichnung noch Englaland („Land der Angeln"). Auch wenn dieses Zeitalter heutzutage häufig noch „The Dark Ages" („Die unbekannten Jahre") genannt und somit vom späteren Mittelalter abgetrennt wird, ist diese Bezeichnung sicherlich überholt, da wir doch viel darüber wissen. So gibt es beispielsweise eine sehr ausgeprägte Literatur, deren bekanntestes Werk, das Heldenepos „Beowulf", gerade in den letzten Jahren durch zahlreiche Neuübersetzungen und Verfilmungen in den Medien präsent ist.

Des Weiteren war kein Geringerer als J. R. R. Tolkien als Professor an der Universität Oxford Spezialist für diese Zeit und gab in seinem bekanntesten Werk „Der Herr der Ringe" dem Volk der Rohirrim sogar altenglische Namen: So bedeuten Theoden „Herrscher" oder die Vorsilbe Eo- „Pferd" (vgl. Eowyn, „Pferdefreude").

Streng genommen waren die Angelsachsen allerdings kein einheitliches Volk; ursprünglich handelt es sich sogar um nicht weniger als vier germanische Völker, nämlich die Angeln, die Sachsen, die Jüten und die Friesen, die im Jahr 449 vom europäischen Festland nach Britannien übersetzten. Von diesem Ereignis und den nachfolgenden Jahren berichtet der „ehrwürdige" Beda in seiner Kirchengeschichte, die er im Jahr 731 in lateinischer Sprache verfasste.

Nachdem die Römer im Jahr 410 sich aus Britannien zurückgezogen hatten, waren die dort ansässigen romanisierten Kelten, auch Briten genannt, kontinuierlich den Angriffen anderer Völker ausgeliefert, besonders denen der Pikten aus dem Gebiet des heutigen Schottland.

Der britische Kriegsherr Vortigern heuerte aus diesem Grund germanische Söldner vom Festland an, die ihn unter der Leitung von Hengist und Horsa militärisch unterstützen sollten. Als diese dann neben ihrem Lohn auch Land forderten, nahm die Eroberung Britanniens ihren Lauf. Die Briten wurden in Randgebiete wie Cornwall oder Wales abgedrängt – der Name „Wales" ist übrigens auch altenglischen Ursprungs: Wealas bedeutet „Ausländer" – oder sie flüchteten über das Meer in die Bretagne. Die Kämpfe zwischen den Briten und den einfallenden Angelsachsen sollten allerdings noch viele Jahrzehnte andauern. Wahrscheinlich sind hier auch die historischen Ursprünge der Artuslegende zu finden.

Auch wenn unser heutiges Bild des mythischen Königs Artus maßgeblich erst im 12. Jahrhundert durch Geoffrey von Monmouths lateinisches Pseudogeschichtswerk geprägt wurde und frühere Quellen nur sehr spärlich von einem solchen Charakter berichten, ist es durchaus möglich, dass ein britischer Kriegsherr dieses oder ähnlichen Namens im 6. Jahrhundert erfolgreich an diesen Kämpfen beteiligt war.

Anfangs konnte man nicht von einem vereinigten angelsächsischen England sprechen. Es gab mehrere Königreiche, die unterschiedlichen Herrschern unterstanden. Zu den bekanntesten zählen das von den Angeln besiedelte Merzien und Nordhumbrien (in diesem Buch „Northumberland" genannt), das von den Sachsen besiedelte Wessex und das von den Jüten besiedelte Kent. Ethelbert von Kent war auch einer der ersten Könige, die zum christlichen Glauben übertraten. Zwar waren die Briten bereits durch die frühere römische Oberherrschaft Christen gewesen, die germanischen Eroberer waren zunächst allerdings noch heidnisch und verehrten Götter wie Wotan, dessen Name sich noch im englischen Wednesday („Mittwoch") findet. Im Jahr 597 entsandte Papst Gregor der Große den Missionar Augustin nach Canterbury, um den christlichen Glauben zu verbreiten. Er wurde der erste Erzbischof von Canterbury und wird auch als „Apostel der Angelsachsen" bezeichnet.

Dies war allerdings nicht der erste Versuch, das angelsächsische England zu bekehren. Irische Mönche unter der Leitung Columbans von Iona missionierten bereits seit dem Jahr 563 Teile Nordenglands sowie die Pikten. Die römische und die irisch-keltische Missionsbewegung pflegten allerdings unterschiedliche Gebräuche, beispielsweise hinsichtlich der Berechnung des Osterdatums, ein Konflikt, der erst im Jahr 664 auf der Synode von Whitby zugunsten des römischen Christentums entschieden wurde.

Auch wenn es ursprünglich keinen gesamtenglischen König gab, so waren einige Königreiche zu bestimmten Zeiten bedeutend. Galt dies etwa im 7. Jahrhundert noch für Nordhumbrien, so war dies im 8. Jahrhundert Merzien und ab dem 9. Jahrhundert Wessex, das Gebiet der westlichen Sachsen. Gerade die Zeit der westsächsischen Vorherrschaft wurde durch eine weitere Invasion entschieden geprägt: die der Wikinger.

Die Angelsächsische Chronik, die ab dem Ende des 9. Jahrhunderts in verschiedenen Versionen auch weiter zurückliegende Ereignisse Jahr für Jahr in altenglischer Sprache dokumentiert, berichtet für das Jahr 793, dass feuerspeiende Drachen in Nordhumbrien gesichtet wurden, die das Inselkloster von Lindisfarne plünderten und zerstörten. Dies ist ein eindeutiger Hinweis auf die Langschiffe der Wikinger, die gewöhnlich einen Drachenkopf als Galionsfigur aufwiesen. Beschränkten sich die frühen Angriffe noch auf Raubzüge, so siedelten die Wikinger ab der Mitte des 9. Jahrhunderts nun auch in England.

Mit der Ankunft der „Großen Armee" im Jahr 865 begannen sie zudem, weite Teile Englands zu erobern. Erst Alfred dem Großen, König des letzten verbliebenen angelsächsischen Reiches Wessex, gelang es, die Wikinger im Jahr 878 entscheidend zu schlagen. Deren Anführer Guthrum und seine Armee wurden gezwungen, zum Christentum überzutreten.

Zudem wurde England aufgeteilt: Der nordöstliche Teil wurde den Wikingern zugesprochen und Danelaw („Dänisches Gesetz") genannt, während der südwestliche Teil angelsächsischer Herrschaft unterstand. In den folgenden Jahrzehnten wurden Teile des Danelaws von Alfreds Nachfolgern wieder zurückerobert, und im Jahr 954 wurde der letzte Wikingerherrscher der nordhumbrischen Stadt York, Erik Blutaxt, abgesetzt.

In den folgenden Jahren des Friedens konnte sich England anderen Dingen als der Kriegsführung widmen, insbesondere einer Reform der Klöster. Doch gegen Ende des 10. Jahrhunderts wurde England erneut von den Wikingern angegriffen. Der schwache König Ethelred der Unberatene versuchte dieser Lage Herr zu werden, indem er den Angreifern Geld versprach, das sogenannte Danegeld („Dänengeld"). Dies nutzte allerdings wenig, und mit Sven Gabelbart wurde im Jahr 1013 sogar ein Wikinger König über das gesamte angelsächsische England. Obwohl nach dessen Tod im darauffolgenden Jahr Ethelred erneut für zwei Jahre an die Herrschaft kam, regierten von 1016 an die Wikinger das Land. Während dieser Zeit befand sich Ethelreds Sohn Edward der Bekenner im Exil, und zwar in der Normandie, da seine Mutter Emma von dort stammte.

Interessanterweise sind die Normannen eigentlich Nachfahren der Wikinger, wie schon deren Name nahelegt („Nordmänner"); allerdings gaben diese schon bald ihre ursprüngliche Sprache zugunsten eines französischen Dialekts auf. Edward kehrte schließlich im Jahr 1042 zurück, um die Nachfolge des letzten Wikingerkönigs Harthacnut anzutreten. Die Ereignisse des Jahres 1066, das Jahr von Edwards Tod, in dem dieses Buch spielt, werden übrigens auch auf dem Teppich von Bayeux dargestellt, einem fast 70 Meter langen gestickten Stück Stoff aus der zweiten Hälfte des 11. Jahrhunderts. Dieser zeigt auch, wie Edward den Earl Harold Godwinson von Wessex (in diesem Buch „Graf Harold" genannt) angeblich vorher in die Normandie schickte, um Herzog Wilhelm nach seinem Tod die Nachfolge auf den englischen Thron anzubieten. Ob sich dies aber wirklich so zutrug, kann nicht geklärt werden.

Die Ereignisse des Jahres 1066 führten zu einer entscheidenden Wende in der englischen Geschichte. Dieses Buch gibt dem Leser die Möglichkeit, einen Teil davon selbst zu erleben.

PD Dr. Oliver M. Traxel
Georg-August Universität, Göttingen

SPIELBUCH-ABENTEUER WELTGESCHICHTE II
DIE SPANISCHE ARMADA

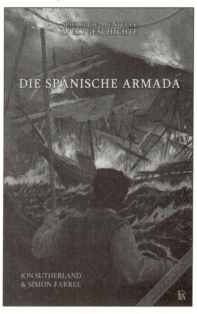

Erlebe die spektakulärsten Momente der Weltgeschichte und nimm aktiv daran teil. In der Reihe
SPIELBUCH-ABENTEUER WELTGESCHICHTE
entscheidest du über den Verlauf der Geschichte!

„DIE SPANISCHE ARMADA" führt dich zurück in die Zeit der Segelschiffe und Kriege auf hoher See. Zwei Großmächte des 16. Jahrhunderts stehen sich im entscheidenden Kampf gegenüber, als die mächtige Spanische Armada gen England segelt um Königin Elisabeth zu stürzen. In diesem Buch kannst du nun die große Seeschlacht miterleben, die die Weltgeschichte veränderte.

Du selbst entscheidest den Verlauf deiner eigenen Geschichte! Deine Entscheidungen, dein Mut und deine Stärke bestimmen dein Schicksal und werden zeigen, ob du siegreich sein wirst oder ob du als Opfer der großen Schlacht auf hoher See zurückbleibst.

BAND 6
DIE KÖNIGREICHE DES SCHRECKENS

Du bist Einsamer Wolf – der letzte Kai-Meister!

Setze dein Abenteuer mit dem sechsten Band der Rollenspielserie

DIE KÖNIGREICHE DES SCHRECKENS

fort und werde Teil dieser einzigartigen Fantasy-Saga.

In Helgedad herrscht Bürgerkrieg, denn deine Erzfeinde – die Schwarzen Lords – kämpfen um die Vorherrschaft über die schwarze Stadt. Du selbst hast geschworen, den Kai-Orden wieder zu seinem alten Ruhm zu führen, doch dafür musst du zunächst den Weisheitsstein von Varetta finden, einen Schatz, der die Macht und das Wissen deiner Kai-Vorfahren enthält.

Jedes Buch der Saga um *Einsamer Wolf* kannst du einzeln für sich oder kombiniert mit den anderen Abenteuern dieser Reihe als einzigartige Rollenspiel-Saga spielen und erleben.

EINSAMER WOLF MEHRSPIELERBUCH

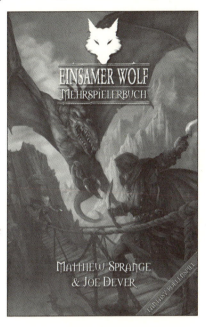

Das *Einsamer Wolf*-Mehrspielerbuch

Bereite dich darauf vor, zusammen mit deinen Freunden Magnamund – die einzigartige Welt des *Einsamen Wolfs* – zu erkunden. Das **Einsamer Wolf-Mehrspielerbuch** ist ein komplettes Fantasy-Rollenspiel, das auf dem einfachen Regelsystem der *Einsamer Wolf*-Spielbücher basiert.
Es ist so einfach zu spielen, dass jeder nach kurzer Zeit diese Regeln beherrscht, auch wenn er noch nicht die *Einsamer Wolf*-Spielbücher kennt!

Dieses erste Buch erläutert dir die Grundregeln, die du zum Verständnis des Spiels benötigst. Dir wird gezeigt, wie du dir deinen eigenen Kai-Lord-Charakter erschaffen kannst, während dich abschließend ein spannendes Abenteuer sofort in die faszinierende Welt Magnamund entführt.

Legenden von Harkuna
Das Reich des Krieges

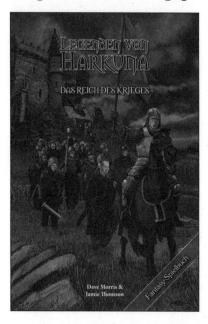

Betrete **DAS REICH DES KRIEGES**
und werde zum Helden dieses *Fantasy-Spielbuchs*.

Seit dem gewaltsamen Tod von König Corin VII. wird das Reich Sokara von einem Bürgerkrieg heimgesucht.
Der aufständische General Marlock herrscht mit Hilfe der Armee über das Land, während des Königs Sohn in die Berge geflohen ist. Als Krieger, Magier, Barde, Wanderer, Priester oder Schurke kannst du dem Thronerben zu seinem Recht zurück verhelfen oder im Auftrag des Generals diese Adelslinie für immer auslöschen!

Entdecke die riesige und offene Fantasywelt von Harkuna, in der du nach Belieben zwischen den Büchern dieser einzigartigen Spielbuch-Reihe hin und her reisen kannst. Erlebe grenzenlose Abenteuer, schaffe dir mächtige Freunde und Feinde und steige zum Helden auf. Dann wirst auch du eines Tages zu einer der

LEGENDEN VON HARKUNA!

VERTRAU DEM COMPUTER! DER COMPUTER IST DEIN FREUND!

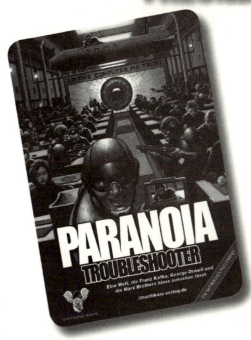

PARANOIA – Eine Welt, die Franz Kafka, George Orwell und die Marx Brothers blass aussehen lässt!

PARANOIA ist ein satirisches Rollenspiel in einer Zukunft voll schwarzem Humor. Ein wohlmeinender, aber gestörter Computer beschützt die Bewohner einer unterirdischen Stadt verzweifelt vor Geheimgesellschaften, Mutanten und allen Arten realer und eingebildeter Feinde. Du bist ein Troubleshooter, ein Eliteagent des Computers. Du jagst und vernichtest die Feinde des Computers. Und du hoffst, dass der Computer und die anderen Troubleshooter nicht herausfinden, dass du einer dieser Feinde bist.

PARANOIA MACHT SPASS! ANDERE SPIELE MACHEN KEINEN SPASS – DAS ZUMINDEST SAGT DER COMPUTER UND DU SOLLTEST DEM COMPUTER VERTRAUEN: DENN DER COMPUTER IST DEIN FREUND!

BANEDONS AUFTRAG

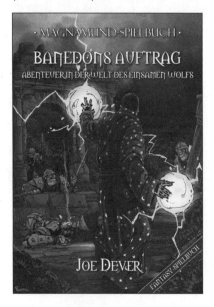

Du bist Banedon, ein Lehrling der Magiergilde von Toran und Schüler der weißen Magie!

Dein Gildenmeister betraut dich mit einem äußerst wichtigen Auftrag: Du musst zur Abtei der Kai-Lords reisen und dem Großmeister der Kai eine dringende Botschaft überbringen. Denn die finstern Schwarzen Lords drohen mit einer gewaltigen Armee über dein geliebtes Heimatland Sommerlund herzufallen und alles Leben zu unterjochen. Das Schicksal deines Landes liegt in deiner Hand.

Stelle dich den Gefahren der fantastischen Spielwelt Magnamund und werde Teil einer epischen Fantasy-Saga!

Neben dem packenden Abenteuer Banedons, der sich gegen die herannahenden Schergen der Schwarzen Lords behaupten muss, enthält dieser Band die beiliegende Farbkarte des nördlichen Magnamunds und das komplette Giak-Wörterbuch mit über 300 Begriffen und einer leicht verständlichen Einführung in die einfache Giak-Sprache. Lerne die Sprache der Finsteren Länder kennen und entschlüssele die Botschaften der Giak und ihrer Verbündeten!

MANTIKORE VERLAG

www.mantikore-verlag.de

In unserem Online-Shop findest du viele weitere Abenteuer, wie Brettspiele, Comics, Romane, Rollenspiele, Sammelkartenspiele, Spielbücher, Magazine uvm.

Unter anderem auch das preisgekrönte Fantasy-Spielbuch "Einsamer Wolf - Flucht aus dem Dunkel" von Joe Dever.

GEISTERJÄGER JOHN SINCLAIR
Das Abenteuerspiel

Der Herold-Zyklus
jetzt vollständig erhältlich!

Mit Pflockpistole, dem Kreuz des Hesekiels und Silberkugeln jagt Oberinspektor John Sinclair seit über 30 Jahren Vampire, Werwölfe und Dämonen. Er ist der Sohn des Lichts, eine Bastion des Guten, und ein aufs andere Mal treiben er und seine Freunde die dunkle Brut zurück in die Hölle. Dazu kämpfen sie in London gegen Vampire, vernichten im Spessart Superdämonen, verlieren Weggefährten an die Horden der Untoten, durchkreuzen teuflische Pläne und werden in fremde Welten und andere Zeiten gesogen. Die Zahl ihrer Abenteuer ist Legion. Wer Horror mag, kommt an John Sinclair nicht vorbei.

Erwacht im Spukschloss im Spessart erneut das Grauen? Die Geisterjäger müssen nach Deutschland reisen, um das Vermächtnis des Schwarzen Tods zu stoppen. Es scheint, als habe das Sinclair-Team nur halbe Arbeit geleistet und als müssten die Geisterjäger die Kastanien aus dem Feuer holen. Doch was hat die angesehene Lady Farincroft damit zu tun? Und wie vernichtet man die Hand einer unzerstörbaren Mumie?

Diese Erweiterung für das John-Sinclair-Abenteuerspiel enthält drei spielfertige Abenteuer, die den im Grundbuch begonnenen „Herold-Zyklus" mit unglaublicher Spannung vorantreiben.

Warum ruft Will Mallmann die Geisterjäger völlig abgehetzt an und bittet sie, nach Deutschland zu kommen? Was hat es mit dem Fingerknöchel des Hector de Valois auf sich und in welcher Beziehung steht er zum ominösen Bischof John? Können die Geisterjäger die Rückkehr eines tot geglaubten Feindes verhindern, obwohl sich der Schwarze Tod höchstpersönlich gegen sie stellt? Sind sie in der Lage, einen uralten Fluch zu brechen und dem Grauen im Nebel ein Ende zu bereiten? Werden sie dem Kult der Herrschaft auf die Schliche kommen und dabei sogar bis ins Reich des Schwarzen Todes vorstoßen?

Dieser Band setzt den „Herold-Zyklus" mit drei spielfertigen Abenteuer fort.

Die Hochzeit von Will Mallmann und Karin Bauer hätte einer der wenigen unbeschwerten Abende im Leben der Geisterjäger werden können. Doch dann werden sie auf eine Mission geschickt, in der die Regeln von Raum und Zeit außer Kraft gesetzt wurden. Im antiken Atlantis müssen sie sich bislang ungekannten Gefahren stellen, die auch nach ihrer Rückkehr kein Ende nehmen. Der letzte, entscheidende Schlag gegen die Herolde und damit gegen den schwarzen Tod steht bevor. Aber werden die Geisterjäger ihn auch ausführen können?

Diese Erweiterung für das John-Sinclair-Abenteuerspiel beschließt den „Herold-Zyklus" mit einem furiosen Finale.

Produkt	Art.-Nr.	ISBN
John Sinclair Grundbuch	US34000	978-3-86889-023-5
Ewige Jugend	US34002	978-3-86889-025-9
Der Erbe des Templers	US34003	978-3-86889-027-3
Verfluchtes Atlantis	US34004	978-3-86889-031-0

www.ulisses-spiele.de